天津市农民工
实用手册

Tianjinshi Nongmingong
Shiyong Shouce

天津市总工会 编

中国工人出版社

前　言 PREFACE

农民工作为工人阶级的新生力量，已经成为我市产业工人的重要组成部分，在推动经济建设、社会发展和民计民生中发挥着重要作用。天津各级工会牢记职责，认真落实农民工工作部署和要求，按照“三服务一加强”即服务党的中心工作，服务职工群众需求，服务社会和谐稳定，加强基层工会建设的工作思路，聚力“海河号”，做出新贡献，坚持大服务、大维权、全覆盖的工作理念，围绕农民工入会和服务工作，为实现更好地把农民工组织到工会中来，带领农民工听党话、跟党走；更好地维护农民工的合法权益，为农民工办实事、解难事、做好事；更好地调动好保护好农民工的积极性创造性，体现工会组织新时期新作为的目标要求，天津市总工会及时成立机构，制定措施，举全会之力持续多年开展农民工集中入会、素质提升、权益保护、帮扶服务“四大行动”，每年安排专项资金扎实开展农民工劳动竞赛、技能培训、维权服务、解困帮扶等10件实事，进一步增强了工会组织的吸引力、凝聚力、战斗力，实现了农民工入会数量和服务质量双提升，彰显了工会组织作为党联系职工群众的桥梁纽带作用，努力成为农民工的娘家人。

为进一步增强农民工的归属感和获得感，为在津务工的农民工提供一些有益的帮助和服务，在调研的基础上，按照基层工会和农民工的实际需求，我们编印了《天津市农民工实用手册》，设置了“工会在身边”“以案说法”“知识延伸”等板块，并配以漫画，以期增加图书的阅读性、趣味性，帮助基层工会和务工人员解决一些实际问题，愿我们这本手册能成为农民工朋友的良师益友，对您的工作、学习、生活有所帮助。

因时间所限，本书在编写过程中难免会有疏漏，恳请包涵指正。

天津市总工会

2016年11月

目　录 CONTENTS

第三章　劳动合同 / 31

第五章　素质提升 / 81

第六章　法律援助 / 95

第八章　城市生活 / 117

第九章　应急避险 / 135

第十章　心理自助 / 155

第一章　入会知识

01 工会的性质是什么？

中国工会是中国共产党领导的职工自愿结合的工人阶级群众组织，是党联系职工群众的桥梁和纽带，是国家政权的重要社会支柱，是会员和职工利益的代表。中国工会的基本职责是维护职工合法权益。

服务职工群众是工会的出发点，工会以职工最关心、最直接、最现实的利益为重点，为职工办实事、做好事、解难事，履行了帮扶困难职工“第一知情人”“第一报告人”“第一协调人”“第一监督人”的职责。

02 农民工可以加入工会吗？

农民工是指具有农业户籍，以工资收入为主要生活来源的劳动者。农民工有权依法加入工会，用人单位工会应当依法吸收农民工入会，任何组织和个人不得限制或者变相限制农民工自愿加入工会。

2015 年 4 月，中华全国总工会印发了关于开展“农民工入会集中行动”的实施方案。“农民工入会集中行动”以农民工现实需求为导向，围绕农民工最关心最直接最现实的利益问题、最困难最操心最忧虑的实际问题，不断扩大工会普惠性服务对农民工的覆盖。

知识延伸 加入工会有什么限制吗？

（1）经自愿申请，符合条件，基层工会批准后，即成为工会会员。

（2）加入工会不需要调查社会关系，不用政治审查，也没有考验期、预备期。

（3）加入工会没有宗教信仰限制。

03 加入工会的一般程序是什么？

（1）本人自愿申请。由要求入会的职工向所在单位工会提出书面或口头申请，并上报至基层工会委员会。

（2）基层工会委员会研究批准其入会，并发给《中华全国总工会会员证》。

04 工会可以为农民工提供哪些服务？

工会应在劳动合同签订、工资拖欠、职业安全和劳动保护、工伤保险、职业技能培训和就业援助、精神文化生活改善、民主政治权利、法律援助以及春节返乡等方面为农民工提供服务。

工会的职业介绍机构、职业培训机构和困难职工帮扶中心为农民工提供就业咨询、职业介绍、职业指导、基础性培训、技能培训、创业培训、小额信贷、法律援助等服务。

工会还对困难农民工提供生活帮扶、子女助学以及免费的就业咨询、职业介绍、职业培训和法律援助等服务；对符合劳动部门补贴条件的，帮助他们申请和落实补贴。

知识延伸 加入工会需要具备哪两个条件？

（1）以工资收入为主要生活来源或者与用人单位建立劳动关系是职工加入工会的必要条件。

（2）承认《中国工会章程》是职工加入工会的前提条件。

工会在身边 宝坻区总工会注重示范引领 广泛开展“六有”工会建设

为加大对农民工入会工作的宣传力度，宝坻区总工会、街镇、园区总工会深入到基层工会进行宣传，印发宣传材料，利用便民服务站，结合会员普惠服务，积极对农民工宣传工会组织的作用、加入工会组织的途径、加入工会有什么好处等，并及时为入会农民工办理工会会员服务卡，收到了良好的效果。

宝坻区3家全国农业合作社加工示范单位全部建立了平等协商机制，每年开展工资集体协商工作，其中八门城镇的清水思源农作物合作社和新开口镇的民盛种养合作社创建了和谐企业，八门城镇的鸿腾水产养殖农作物合作社正在开展和谐企业的创建工作。同时宝坻区还推进了清水思源农作物、鸿腾水产养殖、民盛种养合作社“六有”工会建设，按照市总“一清双亮六有五健全五上墙”基层工会规范化建设标准，完善制度建设，各项标准上墙，确保合作社基层工会组织建设的开展，做到工会有人干事、有钱办事、有场所活动。为更好地推进农业合作社的建会，宝坻区充分发挥这3家单位的示范引领作用，并通过召开专门会议和利用媒体等形式对他们的做法加以宣传和推广。

在2015年区总工会开展的“职工书屋”建设中，结合农业合作社中农民工的实际需求，宝坻区积极打造农民工“职工书屋”，不断提升农民工自身的技术技能，更好地满足农民工的精神文化需求。为提升农业合作社的市场竞争力，针对民盛种养合作社面临扩大销售渠道的瓶颈问题，区总工会积极联系微软信息学院为农民工开展电子商务销售搭建培训平台。同时区总工会积极为成立工会组织的农业合作社内的农民工办理工会会员服务卡，进一步落实市总“2221”（即建立会员服务卡和工会信息卡管理系统，加强信息化建设，采用大数据指导科学决策；建立职工会员大病和家庭意外保障；健全完善普惠服务、法律维权工作体系，加强上下联动，实行全方位覆盖；加强基层基础建设，推行“会站家”一体化运转，努力建成职工信赖的职工之家）保障措施，不断扩大工会会员普惠服务对农民工的覆盖。

05 农民工可以在哪里入会？

在发展农民工入会的过程中，为了方便农民工入会，简化农民工入会手续，可以采取集体登记入会、劳动力市场入会、街道和社区直接吸收农民工入会等方式，有效地推动农民工最大限度地加入工会。具体来说，农民工可以通过以下渠道加入工会。

◎在务工企业入会。
◎在村社区工会入会。
◎在乡镇街工会入会。
◎在行业工会入会。
◎在工业园区工会入会。
◎在楼宇工会入会。
◎在施工项目工会入会。
◎在市场工会入会。

06 劳务派遣工怎样加入工会？

劳务派遣工一般是指通过派遣单位（劳务中介组织）雇用并签订劳动合同后，派往用人单位劳动，工资由用人单位转交派遣单位支付的劳动者。

中华全国总工会《关于组织劳务派遣工加入工会的规定》指出，劳务中介公司已建立工会组织的，应由中介公司的工会组织及时吸收劳务派遣工加入工会；劳务公司尚未建立工会组织的，可由用人单位的工会依据事实劳动关系，吸收劳务派遣工加入工会组织。

知识延伸 劳务派遣工怎样缴纳工会会费？

劳务派遣工的工会经费应由用工单位按劳务派遣工工资总额的2%提取并拨付劳务派遣单位工会，属于应上缴上级工会的经费，由劳务派遣单位工会按规定比例上缴。

用工单位工会接受委托管理劳务派遣工会员的，工会经费留用部分由用工单位工会使用或由劳务派遣单位工会和用工单位工会协商确定。

07 加入工会需要缴纳多少会费？

工会会员缴纳会费是会员应尽的义务，同时也是会员在工会组织内部享受权利的物质基础。会员缴纳工会会费，体现了会员的组织观念，密切了会员与工会组织的联系，同时也有利于增强职工之间的互助互济和团结友爱。

根据中华全国总工会《关于收缴工会会费的通知》规定，工会会员应依据月工资收入的 0.5% 按月向基层工会缴纳会费，工资尾数不足 10 元的，不计缴会费。会员缴纳的会费，全部留在基层，用于工会开展活动，无须上交。

08 农民工回家务农期间还是工会会员吗？

农民工回家务农期间，因不再以工资收入为主要生活来源，但又有可能再进城镇务工，因此，无论是在家乡入会，还是在务工地入会，都应当保留会籍。

农民工会员务工的企业、事业单位和建筑工程项目等单位，应当建立农民工会员名册，做好会员的转入登记等会籍管理工作。农民工会员在务工单位之间流动时，其会员组织关系应随之转移。

知识延伸 什么是工会会员服务卡？

工会会员服务卡是一张“会员身份卡”，印有会员姓名和卡号代码，用来识别会员身份。工会会员服务卡亦是一张“工会服务卡”，会员凭卡可以得到所在工会提供的各项服务。工会会员服务卡还是一张“会员优惠卡”，会员持卡在相关的特约商户消费可以享受不同程度的优惠。

09 工会会员有哪些权利和义务？

权利	义务
选举权、被选举权和表决权	学习政治、经济、文化、科学、技术和工会基本知识
对工会工作进行监督，提出意见和建议，要求撤换或者罢免不称职的工会工作人员	积极参与民主管理，努力完成生产和工作任务
对国家的社会生活问题及本单位工作提出批评和建议，要求工会组织向有关方面如实反映	遵守宪法和法律，践行社会主义核心价值观，维护社会公德和职业道德，遵守劳动纪律
在合法权益受到侵犯时，要求工会给予保护	正确处理国家、集体、个人三者的利益关系，与危害国家、社会利益的行为作斗争
享有工会提供的文化、教育、旅游、疗休养、生活救助、法律服务、就业服务等优惠待遇；工会给予的各种奖励	维护中国工人阶级和工会组织的团结统一，发扬阶级友爱精神，搞好互助经济
在工会会议和工会媒体上，参加关于工会工作和职工关心问题的讨论	遵守工会章程，执行工会决议，参加工会活动，按月缴纳会费

10 工会为农民工服务的重点是什么？

（1）积极扩大工会工作覆盖面，将农民工最大限度地吸纳入工会，做好农民工入会服务工作。

（2）努力推动各级政府实现基本公共服务均等化，帮助农民工落实在城镇安家落户、提高医疗保险待遇、同工同酬及子女入学等实际问题。

（3）做好新生代农民工的思想政治工作，维护农民工合法权益。

（4）利用工会培训教育资源，开展多种形式的农民工技能培训活动。

（5）努力丰富农民工的文化生活，满足其精神需求。

（6）加大对农民工的帮扶力度。

天津市总工会多举措服务农民工 开展四大行动做好十件实事

为进一步落实中华全国总工会关于开展“农民工入会集中行动”实施方案，天津市总工会在农民工中“开展四大行动，做好十件实事”，坚持大服务、大维权、全覆盖理念，最大限度地把农民工吸引到工会中来，进一步维护好农民工群体的合法权益，提升农民工整体素质，保持农民工队伍的和谐稳定，发挥好广大农民工的积极性和创造性，使他们共享改革开放和经济社会发展成果。

市总工会2016年将进一步做好农民工集中入会、素质提升、权益保护、帮扶服务“四大行动”。

十件实事包括，继续深入开展农民工集中入会工作，推动《关于村社区、乡镇所属园区工会规范化建设的意见（试行）》的落实，确保村社区农民工全部入会，实现2016年农民工会员净增10万人，总数达到117万人的目标：

（1）组织农民工参加职业技能大

赛，提升农民工素质，举办2016年天津市职工职业技能大赛，以农民工为重点，开设计算机程序设计员和汽车维修工两个工种项目，对200名参赛人员进行针对性地培训；

（2）对农民工开展基本技术素质和特殊专业的双证培训，举办农民工大讲堂；

（3）在农民工相对集中的单位或公寓创建一批示范性农民工书屋，新建一批农民工夜校；

（4）编印发放农民工教育知识读本，向农民工集中的单位发放；

（5）为农民工提供法律援助服务，在帮扶中心开设农民工维权窗口，免费进行咨询、文书代写、案件代理；

（6）定期组织工会律师团成员深入农民工集中地开展普法宣传；

（7）配合落实农民工劳模享受廉租房及来津落户待遇；

（8）对生活困难的建档困难农民工及其子女开展夏送凉爽、金秋助学、冬送温暖、创业培训、职业介绍等系列服务活动；

（9）在农民工集中地开展送医送药、送健康、送法律、送文化、送演出的服务活动；

（10）对农民工骨干开展技能培训10万人次。

通过“四大行动、十件实事”，市总工会将进一步发挥工会组织的桥梁纽带作用，增强工会组织对农民工的吸引力、影响力，确保农民工入会数量和服务质量双提升，使农民工有更多的归属感和获得感，促进农民工安全生产、安心工作、安康生活，切实感受到工会组织“家”的温暖，为美丽天津建设献计出力、多作贡献。

第二章　就业指导

01 工会及各相关机构应通过什么方式为职工提供职业介绍服务？

各省、自治区、直辖市及地市级等总工会都建立有总工会职业介绍中心，服务于失业、无业人员。工会通过建立“12351”职工维权热线，把就业岗位点对点送到职工家里，努力协调解决失业、待岗职工和职工子女的就业问题。

政府相关部门应该为农民工提供就业服务，支持农民工就业，从而让农民工更好地融入城市生活。鼓励教育机构、社会团体、其他培训机构以及个人，开展针对农村富余劳动力的职业技能培训和就业服务。

02 试用期的期限应为多长？

试用期的长短是用人单位与劳动者协商确定的，双方可以约定试用期，也可以不约定试用期。试用期的长短和劳动合同期限有关，具体如下图所示。

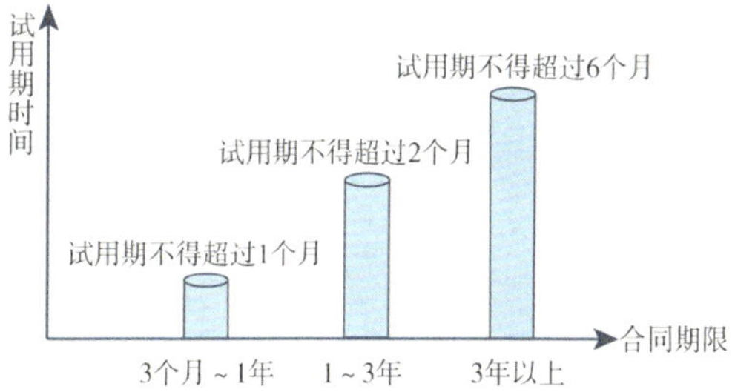

用人单位不能随便规定试用期。如果用人单位约定的试用期超过了法律规定的标准，那么超过部分是没有法律效力的。

同一用人单位与同一劳动者只能约定一次试用期。以完成一定工作任务为期限的劳动合同或者劳动合同期限不满3个月的，不得约定试用期。试用期应包含在劳动合同期限内。劳动合同仅约定试用期的，试用期不成立，该期限为劳动合同期限。

03 试用期最低工资应是多少？

试用期内劳动者的工资标准可以由用人单位自行确定，但是不能低于企业最低工资标准。最低工资是指劳动者在法定时间内提供了正常劳动的前提下，其所在的企业应支付的最低劳动报酬。

作为劳动者，在与用人单位约定试用期工资时，应了解相关规定，以免用人单位以试用期为由少发工资。《劳动合同法》第二十条规定，劳动者在试用期的工资不得低于本单位相同岗位最低档工资或者劳动合同约定工资的百分之八十，并且不得低于用人单位所在地的最低工资标准。

知识延伸 劳动合同应在试用期之前还是之后签订？

试用期是用人单位和劳动者协商确定的劳动合同内容之一。按照规定，用人单位与劳动者之间，自用工之日起即建立了劳动关系，建立劳动关系即应依法订立劳动合同。劳动者与用人单位签订劳动合同的时间应在试用期之前。试用期不签劳动合同违反《劳动法》和《劳动合同法》的相关规定。

04 工时制度主要包括哪几种？实行综合计算工时工作制是否存在加班问题？

工时制度包括标准工时、非全日制用工、不定时工作制、综合计算工时制。其中不定时工作制、综合计算工时制又统称为特殊工时制度。

标准工时是指劳动者每日工作 8 小时、每周工作 40 小时。

对于实行综合计算工时工作制的劳动者，其综合计算周期内的总实际工作时间不应超过标准工作时间，超过部分应视为延长工作时间并按有关规定支付加班费。

05 不定时工作制和综合计算工时工作制分别是怎样定义的？

不定时工作制是针对因生产特点、工作特殊需要或者职责范围的关系，无法按标准工作时间衡量或者需要机动作业的劳动者所采用的一种工时制度。

综合计算工时工作制是针对因工作性质特殊，需连续作业或受季节及自然条件限制的企业的部分劳动者，采用的以周、月、季、年为周期综合计算工作时间的一种工时制度。但其平均日工作时间和平均周工作时间应与法定工作时间基本相同。

知识延伸 对于哪些类型的职工可实行综合计算工时工作制?

（1）交通、铁路、邮电、水运、航空、渔业等行业中因工作性质特殊，需连续作业的职工。

（2）地质及资源勘探、建筑、制盐、制糖、旅游等受季节和自然条件限制的行业的部分职工。

（3）其他适合实行综合计算工时工作制的职工。

以案说法 劳动者必须自己保留一份劳动合同吗？

2012年5月，李某入职一家电子公司，与公司签订了3年期限的劳动合同，成为一名修理工。但是，劳动合同在送到劳动行政主管部门备案完毕后，公司以替职工统一保存为由，没有将劳动合同交给李某。

2014年6月，李某工作时受伤，要求公司给予工伤待遇，遭到拒绝后，李某又拿不出劳动合同证明双方的劳动关系，一时陷入两难的境地。

根据《劳动合同法》的规定，劳动合同文本由用人单位和劳动者各执一份。这家电子公司的做法，就是为了逃避劳动者与用人单位发生纠纷时，以劳动合同作为相关的证据。因此，劳动者在签订劳动合同之后，一定要自己保留一份，以免出现与李某类似的问题而难以解决。

06 关于劳动者的工作时间有哪些规定？

用人单位实行综合计算工时工作制的，农民工平均日工作时间，或者平均周工作时间应当符合国家法定标准，即劳动者每日工作不超过 8 小时、平均每周工作时间不超过 40 小时，且用人单位应当保证劳动者每周至少休息 1 日。

用人单位实行不定时工作制的，应当采用集中工作、集中休息、轮休调休、弹性工作时间等工作和休息方式。

07 农民工日工资、小时工资如何折算？

法定节假日用人单位应当依法支付工资，即折算日工资、小时工资时不剔除国家规定的11天法定节假日。据此，日工资、小时工资的折算方式为：

日工资＝月工资收入/月计薪天数

小时工资＝月工资收入/（月计薪天数×8小时）

月计薪天数＝（365天－104天）/12月＝21.75天

知识延伸 用人单位拖欠或者未足额支付劳动报酬时，农民工应怎么办？

用人单位拖欠或者未足额支付劳动报酬的，农民工可采取以下措施：一是可以依法向劳动保障行政部门的劳动保障监察机构投诉；二是可以依法向劳动争议仲裁机构申请仲裁；三是可以依法向当地人民法院申请支付令，人民法院应当依法发出支付令，即人民法院经过书面审查即可督促用人单位限期履行义务。

08 加班工资的支付标准是什么？

（1）安排农民工在法定标准工作时间以外延长工作时间的，应按照不低于农民工本人小时工资的150%支付加班工资。

（2）安排农民工在休息日工作的，用人单位应首先安排其补休，不能安排补休的，按照不低于农民工本人日工资或小时工资的200%支付其加班工资。

（3）安排农民工在法定节假日工作的，应按照不低于本人日工资或者小时工资的300%支付其加班工资。

09 建筑工程实行总承包的，由谁负责支付农民工工资？

建筑工程实行总承包的，工程总承包企业负责支付所承包工程的农民工工资，不得以工程款未到位为由拖欠农民工工资。

因建设单位或者工程总承包企业未按照合同约定支付工程款，致使建设工程承包企业拖欠农民工工资的，由建设单位或者工程总承包企业先行垫付拖欠的农民工工资。

如果农民工违规操作给用人单位造成经济损失，用人单位要求农民工赔偿的，应当按照劳动合同的约定处理。不过，按照约定扣除工资赔偿经济损失的扣除额，不得超过农民工月工资额的百分之二十，且扣除后的工资不得低于当地最低工资标准。

知识延伸 农民工工作不满1个月，工资应如何发放？

农民工工作不满1个月的，应将农民工的工资折算为日工资后再乘以农民工当月的实际工作日，即为应支付给农民工的工资。农民工的月工资以当事人双方达成的协议或在合同中约定的工资为准。

10 用人单位应当怎样支付工资？

（1）工资应当以法定货币（即人民币）形式支付，不得以实物或有价证券替代货币支付。

（2）用人单位应将工资支付给劳动者本人；劳动者本人因故不能领取工资时，可由其亲属或委托他人代领。

（3）用人单位可直接支付工资，也可委托银行代发工资。

（4）工资必须在用人单位与劳动者约定的日期支付。

（5）用人单位在支付工资时，应当向农民工提供个人工资清单，书面记录支付劳动者工资的数额、项目、时间和领取工资者的签字，并至少保存两年备查。

工会在身边 东丽区总工会通过发展工会再就业服务联社促进就业

东丽区总工会按照区委区政府的工作重点，把发展工会再就业服务联社作为推进再就业工作的有效平台，在推动下岗职工再就业的同时为企业健康发展提供了资金帮助。区总工会对全区各街道功能区企业进行了摸底调查，向企业宣传介绍市总工会再就业服务联社的优惠政策，积极主动与区人社局等部门协调，在安置下岗失业人员就业的同时，帮助企业缓解招工难问题。

2015 年以来，东丽区总工会进一步加大工作力度，为企业争取政策和资金支持 117 万余元。区总工会还进一步扩大工作范围，积极发动区内企业吸纳安置下岗失业人员和困难职工子女，使更多的企业享受到联社优惠政策，为它们进一步做好安置下岗、失业人员再就业工作奠定物质基础。

截至目前，东丽区总工会先后在华侨城、银河大酒店等 16 家企业成立了再就业服务联社，帮助这些企业及时享受到优惠政策，争取市财政支持达 178 万余元，受惠职工达到 1491 人次。（来源：天津工人报）

第三章　劳动合同

01 用人单位与劳动者应在何时签订劳动合同？

当劳动者到某一单位工作时，用人单位应当与其签订劳动合同，最迟不能超过1个月。

如果从劳动者进单位正式工作之日起，单位超过1个月没有与劳动者签订劳动合同，按照《劳动合同法》的规定，从劳动者工作的第二个月开始，单位就应当支付双倍的工资。

如果从劳动者进单位正式工作之日起，单位超过1年没有与劳动者签订劳动合同，那么法律上就视同单位和劳动者签订了无固定期限的劳动合同。

02 签订劳动合同时，用人单位可否收取押金或扣押身份证等证件？

劳动者在签订劳动合同时，用人单位不应收取押金或扣押身份证等证件。用人单位以提供工作服等工作中所需要的物品为由，向劳动者收取物品押金等做法也是违法的。

同时，用人单位也不能以提供了简单的上岗培训为名，向劳动者收取培训费用。如果用人单位收取押金，劳动者应当索要并保管好收条或收据，并向当地人力资源和社会保障部门反映。

知识延伸 哪些部门应对用人单位执行劳动合同的情况进行监督管理？

人力资源和社会保障、安全生产监督管理等有关行政部门，应在各自职责范围内，对用工单位执行劳动合同的情况、安全生产及职业卫生情况等进行监督管理。

03 用人单位招用劳动者时，应当依法告知劳动者哪些工作信息？

（1）工作内容，包括工作岗位及职责范围、工作任务等。

（2）工作条件，包括与工作相关的硬件及软件条件，如办公条件等。

（3）工作地点，若需要劳动者在异地工作的，应当事先说明并征得劳动者的同意。

（4）职业危害和安全生产状况，包括在工作过程中可能产生的职业病危害及其后果、职业病防护措施和待遇等。

（5）劳动报酬，包括工资、奖金、福利等。

（6）劳动者要求了解的其他情况，如工作时间、假期、劳动合同期限、培训计划等与订立劳动合同相关的其他情况。

04 劳动合同中应当有哪些必备条款？

劳动合同又称劳动契约或劳动协议，是劳动者与用人单位确立劳动关系，明确双方权利和义务的协议。

必备条款是指劳动合同必须具备、不可缺少的条款。劳动合同中应当具备的条款，具体如下所示。

◎用人单位的名称、住所和法定代表人或者主要负责人。

◎劳动者的姓名、住址和居民身份证或者其他有效身份证件号码。

◎劳动合同期限。

◎工作内容和工作地点。

◎工作时间和休息休假。

◎劳动报酬。

◎社会保险。

◎劳动保护、劳动条件和职业危害防护。

◎法律、法规规定应当纳入劳动合同的其他事项。

05 劳动合同中不得有哪些内容？

（1）不得有限制劳动者结婚、生育方面的内容。

（2）禁止用人单位以任何形式向劳动者收取定金、保证金（物）或抵押金（物）。

（3）禁止约定劳动者在未完成劳动定额或承包任务的情况下，用人单位可以低于最低工资的标准支付给劳动者工资。

（4）除法定情形外，劳动合同中不得约定由劳动者支付违约金。如果用人单位强行在劳动合同中加入此类条款，劳动者可以拒签劳动合同，也可向当地劳动行政部门举报。

06 用人单位在哪些情形下，不能单方面解除劳动合同？

《劳动法》第二十九条规定，劳动者有下列情形之一的，用人单位不得依据《劳动法》第二十六条、第二十七条的规定解除劳动合同。

◎职工工作可能接触到职业病的，对职工没有进行离岗前职业健康检查，或者职工属于疑似职业病病人，在诊断或者医学观察期间的。

◎职工在本单位患职业病或者发生工伤，并被确认丧失或者部分丧失劳动能力的。

◎职工患病或者非因工负伤，在规定的医疗期内的。

◎女职工在孕期、产期、哺乳期内的。

◎职工在本单位连续工作满15年，且距法定退休年龄不足5年的。

以案说法 “工伤自理”条款是否有效？

刘某2012年春节后一直在家乡附近的一家采石厂工作。入厂时，双方签订的劳动合同中明确约定：“职工发生事故死亡的，厂方一次性补偿3万元；受伤的一概不管。”见先前的职工都是如此签订合同，刘某只好随大流签了合同。

2013年1月15日，刘某在清理石厂上方的土坡时忽然遇到塌方，腰部严重受伤，住院治疗两个月就花费医疗费3.7万余元，并丧失了部分劳动能力。事后，采石厂老板以双方签订的劳动合同中已经写明“受伤的一概不管”为由，不同意对刘某进行赔偿。

《劳动合同法》第二十六条第三款规定“违反法律、行政法规强制性规定”的合同是无效的。该案例中，采石厂与刘某签订的劳动合同违反了法律、法规，因此该劳动合同无效，采石厂必须对刘某负责任，进行工伤赔偿。

07 何种情形下，劳动者可以要求解除劳动合同？

当用人单位存在如下情形时，劳动者可以要求其解除劳动合同：

◎没有按照劳动合同约定提供劳动保护或者劳动条件。
◎没有及时足额支付劳动者的工资。
◎没有依法为劳动者缴纳社会保险费。
◎用人单位的规章制度违反法律、法规的规定，损害了劳动者的权益。
◎用人单位以欺诈、胁迫的手段或者乘人之危，使劳动者在违背真实意思的情况下订立或者变更劳动合同的。
◎其他可以解除劳动合同的情形。

08 何种情形下，用人单位可以解除劳动合同？

劳动者存在如下情形时，用人单位可以解除劳动合同：

◎在试用期被证明不符合录用条件的。
◎严重违反用人单位的规章制度的。
◎严重失职、营私舞弊，给单位造成重大损害的。
◎同时在其他单位工作，对完成本单位的工作任务造成了严重影响，或者本单位要求劳动者改正，劳动者拒不改正的。
◎劳动者以欺诈、胁迫的手段或者乘人之危，使单位在违背真实意思的情况下与其签订或者变更劳动合同的。
◎被依法追究刑事责任的。

知识延伸 哪些劳动合同属于无效或者部分无效合同？

存在下列情形的劳动合同，应属无效或者部分无效：

（1）以欺诈、胁迫的手段或者乘人之危，使对方在违背真实意思的情况下订立或者变更劳动合同的。

（2）用人单位免除自己的法定责任、排除劳动者权利的。

（3）违反法律、行政法规等强制性规定的。

09 什么是集体合同？农民工代表是否应参与签订集体合同？

集体合同是指工会或者职工推举的职工方协商代表，代表职工与用人单位依照法律法规的规定，就劳动报酬、工作条件、工作时间、休息休假、劳动安全卫生、社会保险福利等事项，在协商一致的基础上签订的书面协议。

职工在与用人单位进行平等协商，订立集体合同以及工资、劳动安全卫生、女职工权益保护等专项集体合同时，应有农民工代表参加。

10 劳动合同终止的，用人单位是否应支付经济补偿？

除用人单位维持或者提高劳动合同约定条件续订劳动合同，农民工不同意续订劳动合同的情形外，用人单位依法终止固定期限劳动合同的，用人单位被依法宣告破产或者用人单位被吊销营业执照、责令关闭、撤销或者用人单位决定提前解散而终止劳动合同的，用人单位应当向农民工支付经济补偿。

知识延伸 劳动合同期满后，在哪些情况下，用人单位不得与农民工终止劳动合同？

（1）患病或者非因工负伤，在规定的医疗期内的。

（2）女农民工在孕期、产期、哺乳期的。

（3）在本单位连续工作满15年，且距法定退休年龄不足5年的。

（4）法律、行政法规规定的其他情形。

上述农民工的劳动合同应当延续至相应的情形消失时终止。

11 解除或者终止劳动合同的经济补偿按照什么标准支付？

解除或者终止劳动合同的经济补偿按农民工在本单位工作的年限，每满1年支付1个月工资；工作6个月以上不满1年的，按1年算；不满6个月的，支付半个月工资。

农民工月工资高于用人单位所在直辖市、设区的市级人民政府公布的本地区上年度农民工月平均工资3倍的，向其支付经济补偿的标准按照农民工月平均工资的3倍数额支付，向其支付经济补偿的年限最高不超过12年。

以案说法

企业必须与劳动者签订劳动合同

2013年5月，张某应聘到某建筑公司工作。任职期间，建筑公司以张某与原单位的劳动合同未解除为由，既不与张某签订劳动合同，也不缴纳各项社会保险费。张某曾向建筑公司提交了与原单位终止劳动合同的证明，并多次要求建筑公司签订劳动合同，缴纳各项社会保险，但建筑公司总是推托。

2014年6月，张某认为建筑公司侵犯了自己的合法权益，故诉至该市劳动人事争议仲裁委员会，要求确认劳动关系。2015年2月20日，该市劳动人事争议仲裁委员会裁决确认，张某与建筑公司从2013年5月13日至2014年6月30日存在劳动关系，建筑公司系恶意不与张某签订劳动合同，应支付张某双倍工资、社会保险等费用共计3万多元。

第四章　权益保障

01 用人单位应为农民工缴纳哪些保险?

用人单位应当依法为农民工缴纳职工基本养老保险、职工基本医疗保险、工伤保险、失业保险、生育保险，并按时足额缴纳社会保险费。

用人单位未按规定为农民工缴纳社会保险时，农民工在与用人单位解除或终止劳动合同后，要求用人单位赔偿损失的，应当自劳动合同解除或终止之日起一年内提出。

02 用人单位应怎样为农民工办理工伤保险？

新参加农民工工伤保险的用人单位，需提供参保农民工的身份证复印件、企业营业执照副本及复印件和法人代码证及复印件，并填报《单位参保农民工花名册》，到社会保险经办机构核定工伤费率后，即可在社会保险费征缴部门缴纳工伤保险费。农民工从缴费次日起就可享受《工伤保险条例》规定的相关工伤保险待遇。

用人单位为农民工缴纳工伤保险费，缴费基数为全市上年度在岗职工月平均工资的60%，工伤保险实行行业差别费率，农民工个人不缴费。

知识延伸 未办理工伤保险的农民工发生工伤时，由谁来支付相关费用？

如果用人单位没有为农民工办理工伤保险，农民工发生工伤时，由用人单位依照法律规定的工伤保险待遇支付相关费用。

03 基本养老保险的缴存比例是多少？

用人单位应当按照国家规定的本单位职工工资总额的 20% 的比例缴纳基本养老保险费，记入基本养老保险统筹基金。职工应当按照国家规定的本人工资的 8% 的比例缴纳基本养老保险费，记入个人账户。

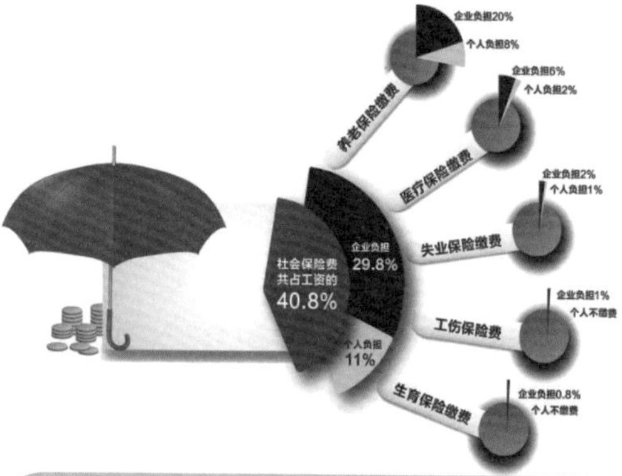

知识延伸 如何领取基本养老保险？

当劳动者达到法定退休年龄时累计缴费满 15 年的，可以按月领取基本养老金。达到法定退休年龄时累计缴费不满 15 年的，可以缴费至满 15 年，按月领取基本养老金。当然，也可转入新型农村社会养老保险或者城镇居民社会养老保险，按照相关规定享受相应的养老保险待遇。

04 哪些工伤费用应从工伤保险基金中支付？

因工伤发生的费用，按照国家规定，应从工伤保险基金中支付。具体如下所示：

◎治疗工伤的医疗费用和康复费用。

◎住院伙食补助费。

◎到统筹地区以外就医的交通食宿费。

◎安装配置伤残辅助器具所需费用。

◎生活不能自理的，经劳动能力鉴定委员会确认的生活护理费。

◎一次性伤残补助金和一至四级伤残职工按月领取的伤残津贴。

◎终止或者解除劳动合同时，应当享受的一次性医疗补助金。

◎因工死亡的，其遗属领取的丧葬补助金、供养亲属抚恤金和因工死亡补助金。

◎劳动能力鉴定费。

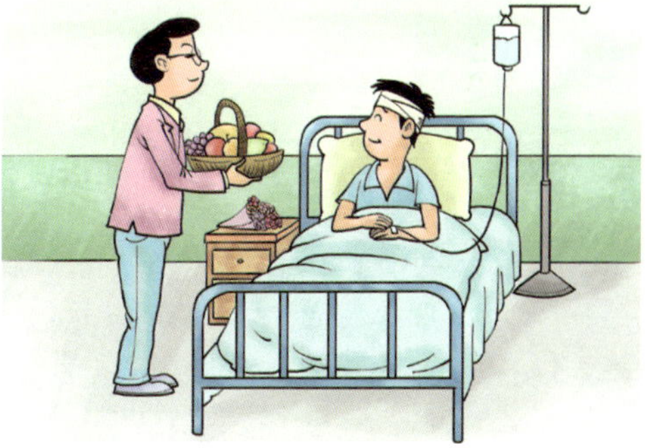

05 农民工出现哪些情况应认定为工伤？

（1）在工作时间和工作场所内，因工作原因受到事故伤害的。

（2）工作时间前后在工作场所内，从事与工作相关的预备性或者收尾性工作受到事故伤害的。

（3）在工作时间和工作场所内，因履行工作职责受到暴力等意外伤害的。

（4）患职业病的。

（5）因工外出期间，由于工作原因受到伤害或者发生事故下落不明的。

（6）在上下班途中，受到非本人主要责任的交通事故或者城市轨道交通、客运轮渡、火车事故伤害的。

（7）法律、行政法规规定应当认定为工伤的其他情形。

知识延伸 **未签合同农民工在工作中受伤是否算工伤？**

农民工与用人单位之间存在事实劳动关系，当农民工在工作中受伤时应由用人单位承担工伤赔偿等责任。

06 怎样提请工伤认定?

农民工发生事故伤害或者按照《职业病防治法》规定被诊断、鉴定为职业病的，所在单位应当自事故发生之日或者被诊断、鉴定为职业病之日起30日内，向统筹地区社会保险行政部门提出工伤认定申请。

用人单位未提出工伤认定申请的，工伤农民工或者其近亲属、工会组织可以在1年内，提出工伤认定申请。

07 农民工因工致伤在停工留薪期应享受什么待遇？

停工留薪期是指农民工因工负伤、患职业病需要暂停工作接受工伤医疗的，由用人单位继续发给原工资福利待遇的一段期间。在停工留薪期内，原工资福利待遇不变，由所在单位按月支付。

停工留薪期一般不超过 12 个月，伤情严重或者情况特殊，经劳动能力鉴定委员会确认，可以适当延长，但延长期不得超过12个月。

工伤职工评定伤残等级后，停发原待遇，按照相关规定享受伤残待遇。工伤职工在停工留薪期满后仍需治疗的，继续享受工伤医疗待遇。

知识延伸 哪些行业的用人单位更适宜为农民工办理意外伤害保险？

由于建筑、矿山、危险化学品、易燃易爆、有毒有害物品等生产现场作业更容易发生意外伤害，因此，该类用人单位最好为农民工办理意外伤害保险，支付保险费用。

工会在身边

教育工会全面启动“健康快车”行动

从2015年5月下旬起，市教育工会全面启动“健康快车”行动，在市总相关部门的协助配合下，组织医科高校附属医院医疗骨干深入基层一线特别是农民工较集中的企业和施工现场提供义诊咨询服务，深受基层党政和职工群众欢迎。

蓟汕高速项目是2015年本市劳动竞赛示范工程。这个标段有200余名农民工，他们多在野外作业，平时忙于施工，生病很少去大医院，常常将小病拖成大病。市教育工会会同有关附属医院和蓟汕高速项目部，共同制定了紧扣农民工需求的义诊内容。

义诊现场，刚刚下车的医疗专家们来不及休息就换上工作服，投入义诊前的各项准备工作中。听说大医院的名医来工地，许多农民工下班后顾不上脱工服便匆匆赶到活动现场，将医疗专家们团团围住。“呀，找错地儿了。”农民工贾秀文一挪座就从中医一附院“转”到了中医二附院。接着，仅用了两三分钟，医生就初步诊断出他患有颈椎方面的疾病，并给出了进一步诊疗建议。“大夫，我右侧肋骨总疼，还总觉得压气。”“可能是脂肪肝，你最好再去拍张片子。”

所有医务人员从活动开始到结束，始终面带微笑，耐心地为农民工测血压、把脉搏、查病症，细致询问病况，耐心解答疑问，细心叮嘱注意事项。活动结束后，医生们与高速集团公司工会领导真诚地交流了意见。中医二附院骨伤科副主任医师石陨提议：建筑行业农民工身体劳损的情况较多，可适当为他们提供些护腕、腰围等劳保用品，以预防和减少相关疾病的产生。集团工会贾主席握着医生们的手，激动地说：“你们的建议很重要，为我们工会更有针对性地制定职工福利和劳保措施，提供了参考，欢迎大家今后多来，为农民工健康把脉”。

截至目前，“健康快车”已先后驶进海鸥手表有限公司、蓟汕高速项目部，为包括农民工在内的一线职工提供义诊咨询服务300余人次，发送健康宣传资料和物品400余份。义诊活动的开展极大地方便了职工就医，医疗人员的热情服务和耐心诊治受到基层职工的普遍欢迎和一致好评。

08 农民工因工致残被鉴定为一级至四级伤残的，应享受什么待遇？

（1）从工伤保险基金按伤残等级支付一次性伤残补助金，标准为：一级伤残为27个月的本人工资；二级伤残为25个月的本人工资；三级伤残为23个月的本人工资；四级伤残为21个月的本人工资。

（2）从工商保险基金按月支付伤残津贴，标准为：一级伤残为本人工资的90%；二级伤残为本人工资的85%；三级伤残为本人工资的80%；四级伤残为本人工资的75%。伤残津贴实际金额低于当地最低工资标准的，由工伤保险基金补足差额。

09 农民工因工致残被鉴定为五级、六级伤残的，应享受什么待遇？

（1）从工伤保险基金按伤残等级支付一次性伤残补助金，标准为：五级伤残为 18 个月的本人工资；六级伤残为 16 个月的本人工资。

（2）保留与用人单位的劳动关系，由用人单位安排适当工作，难以安排工作的，由用人单位按月发给伤残津贴，标准为：五级伤残为本人工资的 70%；六级伤残为本人工资的 60%。并由用人单位按照规定为其缴纳各项社会保险费。

伤残津贴实际金额低于当地最低工资标准的，由用人单位补足差额。

知识延伸 医疗期内病假工资如何支付？

企业农民工患病或非因工负伤期间的病假工资不得低于本市最低工资标准的 80%。

10 农民工因工致残被鉴定为七级至十级伤残的，应享受什么待遇？

（1）从工伤保险基金按伤残等级支付一次性伤残补助金，标准为：七级伤残为13个月的本人工资；八级伤残为11个月的本人工资；九级伤残为9个月的本人工资；十级伤残为7个月的本人工资。

（2）劳动、聘用合同期终止，或者农民工本人提出解除劳动、聘用合同的，由工伤保险基金支付一次性工伤医疗补助金，由用人单位支付一次性伤残就业补助金。

11 农民工不能从事原工作，也不能从事用人单位另行安排工作的情况如何确认？

农民工非因工致残和经医生或医疗机构认定患有难以治疗的疾病，在医疗期内医疗终结或者医疗期满，应当由劳动鉴定委员会参照工伤与职业病致残程度鉴定标准进行劳动能力的鉴定。

被鉴定为一级至四级伤残的，应当退出劳动岗位，终止劳动关系，办理退休、退职手续，享受退休、退职待遇；被鉴定为五级至十级伤残的，医疗期内不得解除劳动合同。

知识延伸 如何安置医疗期结束后的农民工？

医疗期满的农民工不能从事原工作的，用人单位应当为其安排合适的工作岗位。

农民工不能从事用人单位另行安排的工作的，用人单位可以解除劳动合同。

以案说法 企业未经协商，可以给农民工更换工种吗？

2012年4月，李某到一家企业工作，负责箱包缝纫，并与企业签订了劳动合同，每月工资2500元。6月初，企业将李某调至刷胶作业岗。半个月后，李某得知箱包使用的胶水含有毒物质苯，长期接触对人体健康存在危害，于是提出调整回原劳动合同所签订的缝纫工作岗位。企业负责人答复说胶水并不影响身体健康，要么服从企业的安排，要么就解除劳动合同。李某便到劳动部门反映情况，最后企业与李某协商，对其工作重新进行了调整。

《劳动合同法》规定，用人单位与劳动者协商一致，才可变更劳动合同中约定的内容。该案例中，企业没有与李某协商变更劳动合同条款，因此李某有权拒绝企业所作的工作调整。同时，用人单位违反本法规定，不能单方面解除或者终止劳动合同。

12 用人单位如何对待因工受到事故伤害或患职业病的农民工？

用人单位对农民工因工作原因受到事故伤害或者患职业病的，应当采取措施，使其得到及时救治；属于工伤事故的，应当向有关行政部门申请工伤认定。

根据属地原则，工伤认定应由用人单位所在地的市级劳动保障行政部门办理。劳动保障行政部门应当自受理工伤认定申请之日起六十日内作出工伤认定决定，并书面通知申请人和用人单位。

农民工因工作遭受事故伤害或者因患有职业病需要暂停工作接受工伤医疗的，在停工留薪期内，原工资福利待遇不变，由所在单位按月支付。生活不能自理的工伤农民工在停工留薪期需要护理的，由所在单位负责。

13 用人单位对从事接触职业病危害作业的农民工，应履行哪些职责？

（1）用人单位应当组织上岗前、在岗期间和离岗时的职业健康检查，将检查结果如实告知农民工，并建立健康监护档案，依照规定期限妥善保管。

（2）农民工离岗时，有权索取本人职业健康监护档案复印材料，用人单位应当如实无偿提供加盖单位印章的复印件。

（3）未进行离岗职业健康检查的，用人单位不得解除劳动合同。职业健康检查费用由用人单位承担。

（4）用人单位对疑似职业病的农民工，应当及时安排诊断。在诊断或者医学观察期间，不得解除与农民工订立的劳动合同。

知识延伸 用人单位为农民工提供的居住场所要达到什么标准？

用人单位为农民工提供的居住场所应当符合基本的卫生和安全条件。任何组织和个人不得将危房、违法建筑、超过许可期限的临时建筑提供或者出租给农民工居住。

14 劳务派遣单位应怎样保障农民工的合法权益?

（1）如实告知被派遣劳动者《劳动合同法》第八条规定的事项、应遵守的规章制度以及劳务派遣协议的内容。

（2）建立培训制度，对被派遣劳动者进行上岗知识、安全教育培训。

（3）按照国家规定和劳务派遣协议约定，依法支付被派遣劳动者劳动报酬和相关待遇。并依法为被派遣劳动者缴纳社会保险费，并办理社会保险相关手续。

（4）督促用工单位依法为被派遣劳动者提供劳动保护和劳动安全卫生条件。

（5）依法出具解除或者终止劳动合同的证明。

（6）协助处理被派遣劳动者与用工单位的纠纷，以及法律、法规和规章规定的其他事项。

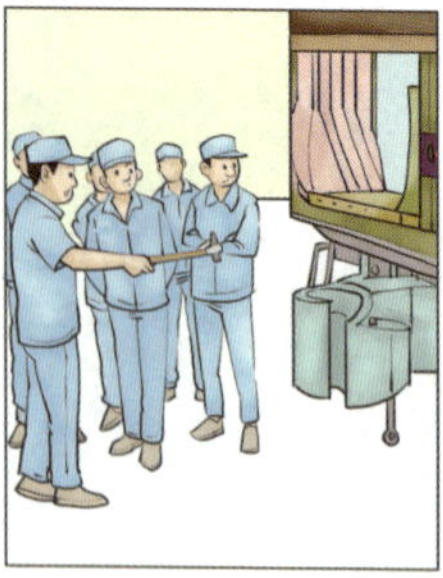

15 跨地区劳务派遣如何办理社会保险？

劳务派遣单位跨地区派遣劳动者的，应当在用工单位所在地为被派遣劳动者参加社会保险，按照用工单位所在地的规定缴纳社会保险费，被派遣劳动者按照国家规定享受社会保险待遇。

劳务派遣单位在用工单位所在地设立分支机构的，由分支机构为被派遣劳动者办理参保手续，缴纳社会保险费。

劳务派遣单位未在用工单位所在地设立分支机构的，由用工单位代劳务派遣单位为被派遣劳动者办理参保手续，缴纳社会保险。

知识延伸 **被派遣农民工在用工单位受事故伤害的，应当由哪个单位申请工伤认定？**

被派遣农民工在用工单位因工作受事故伤害的，应当由劳务派遣单位依法申请工伤认定，用工单位应当协助工伤认定的调查核实工作。

16 农民工与用人单位发生劳动争议时，应怎样处理？

（1）通过协商达成和解协议。

（2）当事人不愿协商、协商不成或者达成和解协议后不履行的，可以向本单位劳动争议调解委员会、所在地劳动争议调解组织或者人民调解组织申请调解。

（3）不愿调解、调解不成或者达成调解协议后不履行的，可以向劳动争议仲裁委员会申请仲裁。

（4）对仲裁裁决不服的，除法律另有规定外，可以向人民法院提起诉讼。

17 用人单位不履行调解协议，农民工应怎样应对？

用人单位与农民工双方因支付拖欠劳动报酬、工伤医疗费、经济补偿或者赔偿金事项达成调解协议的，如果用人单位在协议约定期限内不予履行协议，就相当于违约，这时的纠纷不在仲裁委员会的受理范围之内，农民工可以持调解协议书依法向人民法院申请支付令。

知识延伸 哪些部门负责查处在就业方面损害农民工合法权益的行为？

县级以上人民政府人力资源和社会保障等有关行政部门应该加大监管力度，依法查处以职业介绍或者以招工为名损害农民工合法权益的行为，以此为农民工创造一个良好的就业环境。

各级工会负责指导、帮助企业建立和完善工会组织，逐步提高工会组织为劳动者维权的能力；指导农民工与企业签订劳动合同，组织职工开展集体协商、签订集体合同，加强对劳动合同、集体合同履行情况的监督。

中石化第四建设有限公司工会实现权益维护上的“五个一样”

为更好维护外来劳务工的权益，中石化第四建设有限公司工会在具体工作中总结提炼了“五个一样”的权益维护标准，即：政治活动、培训教育、文体活动、生活后勤、生产经营管理标准“五个一样”，使基层入会管理工作更加丰富完善。

在政治活动方面，实现了劳务派遣和分包职工跟正式职工一起参加党员活动，并在各级党政干部的考核过程中征求他们的意见；实现了每年职代会都有劳务派遣和分包职工选派代表参加，并从自身角度提出改进公司管理的提案建议；同时让劳务派遣和分包职工与自有职工一同参加各类竞赛表彰和先进评比等。

在培训教育方面，与公司行政建立起分包队伍培育的长效机制，有针对性地开展管理知识和操作技能的培训，通过管理理念、标准规范的灌输引导其自觉提升管理能力。

在文体活动方面，与自有职工一起建立职工书屋、电影放映室和文体活动阵地，通过定期开展各类文体活动丰富外埠职工的文化生活。如项目部建立的职工书屋、文体活动阵地一律向劳务工队伍开放等。

在生活后勤方面，各基层工会组织要紧密联系外埠后勤管理部门，加强外埠联营合作队伍中劳务工的住宿、食堂等生活设施的监督管理，按照统一标准定期组织检查，提出整改意见，并通过送凉席、电风扇、电热水器、冰柜等送温暖工程完善其生活设施。

在生产经营管理方面，实现了从分包商入场安全教育开始就将其纳入公司管理体系，加强工程分包过程管理，并将“五比一创”“比学赶帮超”“安康杯”等竞赛活动融入其中，加强劳动保护的监督保障，确保分包管理全程受控；同时与纪检、经营等部门联合，加大合同管理力度，规范各自的责权利及工程款支付等流程，有效防范工程分包合同管理漏洞，实现合同管理的效益。

18 在劳动安全生产方面，农民工应尽哪些义务？

（1）在作业过程中，应当严格遵守本单位的安全生产规章制度和操作规程，服从管理，正确佩戴和使用劳动防护用品。

（2）应当接受安全生产教育和培训，掌握本职工作所需的安全生产知识，提高安全生产技能，增强事故预防和应急处理能力。

（3）发现事故隐患或者其他不安全因素，应当立即向现场安全生产管理人员或者本单位负责人报告。

农民工有权对用人单位安全生产工作中存在的问题提出批评、检举、控告；有权拒绝违章指挥、强令冒险作业。

知识延伸 什么情形下用工单位不得将被派遣农民工退回劳务派遣单位？

根据《劳务派遣暂行规定》，被派遣农民工有《劳动合同法》第四十二条规定情形的，在派遣期限届满前，用工单位不得依据本规定第十二条第一项规定将被派遣农民工退回劳务派遣单位。（参见附录）

19 用人单位应如何保障劳动安全卫生？

（1）加强安全生产管理，健全安全生产规程和工作规范，加强日常检查监督。

（2）以书面形式向农民工如实告知作业场所和工作岗位存在的危险因素、防范以及应急措施。

（3）为农民工提供符合国家标准或者行业标准的职业安全卫生条件和必要的劳动防护设施、用品。

（4）对农民工进行安全生产教育和培训，保证农民工具备必要的安全生产知识。

（5）从事特种作业的农民工必须经过专门培训并取得特种作业资格，持证上岗，用人单位管理人员不得违章指挥，强令冒险作业。

20 年休假的具体标准是什么，应该怎样安排？

农民工累计工作已满1年不满10年的，年休假5天；已满10年不满20年的，年休假10天；已满20年的，年休假15天。国家法定节假日、休息日不计入年休假的假期。

企业应根据生产、工作的具体情况，并考虑农民工本人意愿，统筹安排农民工年休假。年休假在1个年度内可以集中安排，也可以分段安排，一般不跨年度安排。企业因生产、工作特点确有必要跨年度安排农民工年休假的，可以跨一个年度安排。

21 什么情况下，农民工不再享受年休假？

（1）农民工依法享受寒暑假，其休假天数多于年休假天数的。

（2）农民工请事假累计 20 天以上且单位按照规定不扣工资的。

（3）累计工作满 1 年不满 10 年的农民工，请病假累计 2 个月以上的。

（4）累计工作满 10 年不满 20 年的农民工，请病假累计 3 个月以上的。

（5）累计工作满 20 年以上的农民工，请病假累计 4 个月以上的。

知识延伸 全体公民有哪些节假日休息时间？

节日名	放假天数
元旦	放假 1 天
春节	放假 3 天
清明节	放假 1 天
劳动节	放假 1 天
端午节	放假 1 天
中秋节	放假 1 天
国庆节	放假 3 天
共计：11 天	

22 什么是女职工劳动保护？

因女性在体能、体力等方面与男性有一定的差异，特别是在月经期、孕期、哺乳期、更年期等生理特殊时期，如果在工作强度、工作环境等方面出现与身体条件不相适应的地方，有可能对女性造成伤害，甚至影响其孕育健康子女。

女职工劳动保护是指国家根据女职工的身体特点，为了保护女职工的身体健康，体现社会公平，保护人类再生产制定的一系列有关保护她们身体健康的措施。

知识延伸　女职工禁忌从事的劳动范围有哪些？

（1）矿山井下作业。

（2）体力劳动分级标准中规定的第四级体力劳动强度的作业。

（3）每小时负重6次以上、每次负重超过20公斤的作业，或者间断负重、每次负重超过25公斤的作业。

23 女职工应享受哪些劳动权利？

依照我国《劳动法》第三条的规定，妇女享有如下劳动权利：平等就业的权利、选择职业的权利、取得劳动报酬的权利、休息休假的权利、获得劳动安全卫生保护的权利、接受职业技能培训的权利、享有社会保险和福利的权利、提请劳动争议处理的权利及法律规定的其他劳动权利。

24 女职工在经期可以享受哪些特殊劳动保护？

（1）根据《女职工劳动保护特别规定》，女职工在经期禁忌从事的劳动范围包括：冷水作业分级标准中规定的第二级、第三级、第四级冷水作业；低温作业分级标准中规定的第二级、第三级、第四级低温作业；体力劳动强度分级标准中规定的第三级、第四级体力劳动强度的作业；高处作业分级标准中规定的第三级、第四级高处作业。

（2）根据《女职工保健工作规定》，患有重度痛经及月经量过多的女职工，经医疗或妇幼保健机构确诊后，月经期间可适当给予1至2天的休假。

25 女职工在孕期可以享受哪些特殊劳动保护？

（1）女职工在孕期不能适应原劳动的，用人单位应当根据医疗机构的证明，予以减轻劳动量或安排其他能够适应的劳动。

（2）对怀孕七个月以上的女职工，用人单位不得延长劳动时间或安排夜班劳动，并应当在劳动时间内安排一定的休息时间。

（3）怀孕女职工在劳动时间内进行产前检查，所需时间计入劳动时间。

（4）女职工在孕期禁忌从事的劳动范围：作业场所空气中铅及其化合物、汞及其化合物、苯、镉、铍、砷、氰化物、氮氧化物、一氧化碳、二硫化碳、氯、己内酰胺、氯丁二烯、氯乙烯、环氧乙烷、苯胺、甲醛等有毒物质浓度超过国家职业卫生标准的作业；从事抗癌药物、己烯雌酚生产，接触麻醉剂气体等的作业；非密封源放射性物质的操作，核事故与放射事故的应急处置；高处作业分级标准中规定的高处作业；冷水作业分级标准中规定的冷水作业；低温作业分级标准中规定的低温作业；高温作业分级标准中规定的第三级、第四级的作业；噪声作业分级标准中规定的第三级、第四级的作业；体力劳动强度分级标准中规定的第三级、第四级体力劳动强度的作业；在密闭空间、高压室作业或者潜水作业，伴有强烈振动的作业，或者需要频繁弯腰、攀高、下蹲的作业。

知识延伸 **女职工产假是多长?**

女职工正常生育产假为98天，其中产前可以休假15天；遇有难产的，增加产假15天；多胞胎生育的，每多生育1个婴儿，增加产假15天。符合法律法规规定生育子女的，男方所在单位给予7天护理假，女方所在单位增加生育假（产假）30天，不能增加生育假（产假）的，给予一个月基本工资或者实得工资的奖励。

女职工怀孕流产的（含人工流产），其所在单位应根据医务部门的证明，按下列规定给予产假：

（1）3个月以下的，产假15天；

（2）3个月以上（含3个月）至4个月的，产假30天；

（3）4个月以上（含4个月）至7个月的，产假42天；

（4）7个月以上（含7个月）的，产假98天。

26 女职工在哺乳期可以享受哪些劳动保护？

（1）对哺乳未满1周岁婴儿的女职工，用人单位不得延长劳动时间或者安排夜班劳动。

（2）用人单位应当在每天的劳动时间内为哺乳期女职工安排1小时哺乳时间；女职工生育多胞胎的，每多哺乳1个婴儿每天增加1小时哺乳时间。

（3）女职工哺乳婴儿满周岁后，一般不延长哺乳期，如果婴儿身体特别虚弱，经医务部门证明，可酌情延长哺乳期。根据《女职工保健工作规定》第十二条的规定：婴儿满周岁时，经县（区）以上（含县、区）医疗或保健机构确诊为体弱儿，可适当延长授乳时间，但不得超过6个月。

（4）女职工在哺乳期禁忌从事的劳动范围有：孕期禁忌从事的劳动范围第一项、第三项、第九项，作业场所空气中锰、氟、溴、甲醇、有机磷化合物、有机氯化合物等有毒物质浓度超过国家职业卫生标准的工作。

27 女职工权益保护专项集体合同主要包括哪些内容？

女职工权益保护专项集体合同，是指用人单位与本单位女职工根据法律、法规、规章的规定，就女职工合法权益和特殊利益方面的内容通过平等协商签订的专项书面协议，主要内容有：（1）女职工的劳动经济权利：劳动就业、同工同酬、休息休假、保险福利待遇等；（2）女职工的特殊利益：女职工禁忌劳动保护、“四期”保护、妇科疾病普查、生育待遇等；（3）女职工的政治文化教育发展权利：职业教育、技术培训、晋职晋级、参与企业民主管理等；（4）双方认为应当协商的其他内容。

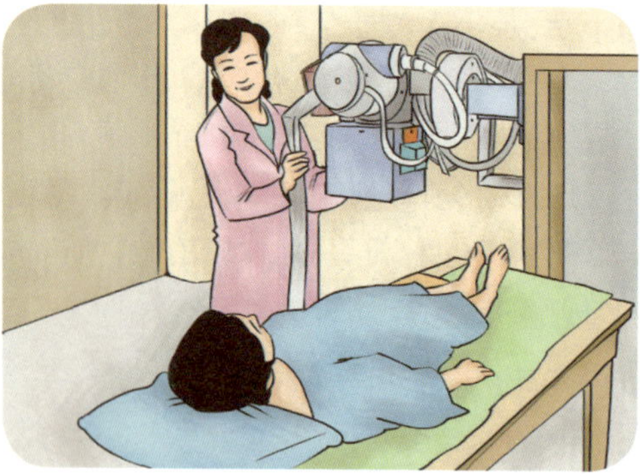

工会在身边 中华全国总工会将加大农民工劳动权益保障力度

一是切实保障工资报酬权益。建立工会欠薪报告制度，完善最低工资定期通报制度，推动企业普遍建立工资集体协商制度，促进农民工同工同酬同权。

二是推动纳入城镇住房和社会保障体系。集中开展社会保险宣传活动，促进农民工均等享有住房、教育等基本公共服务。

三是加强安全生产和职业健康权益保护。扩大“安康杯”竞赛活动对农民工的覆盖面，组织群众性安全生产活动。

四是保障依法享有民主政治权利。推进用人单位建立健全民主管理制度，开展对农民工职工代表教育培训工作。

五是提供多样化帮扶与服务，将困难农民工纳入困难职工帮扶范围。

六是推动劳动法律法规的贯彻实施。完善农民工跨区域双向维权协作机制，督促企业改善薪酬待遇和工作条件。

（资料来源：中工网）

第五章　素质提升

01 什么是工会培训学校？

工会培训学校是由中华全国总工会组织指导的培训基地，遍及全国各地，课程内容不仅包括基本知识的掌握和基本素质的提高，还强调提高动手能力。

工会培训学校收费低廉，农民工在此可以系统地接受思想政治教育、技术技能培训、科学文化教育、安全健康教育、社会文明教育和职工民主法治教育。

工会培训学校一般拥有多媒体教室、机房、实操教室以及网上学习中心等现代化教学设备设施，教学形式包括讲授法、视听技术、讨论、实操、网络培训等。

02 农民工在选择培训机构时应该注意什么？

（1）品牌和规模。一般而言，品牌过硬的培训机构，培训质量较有保证。规模大的培训机构设备齐全、先进，学员多，往往开班也比较快。

（2）营业证件。正规培训机构的办学许可证、营业执照等各种证件、手续都必须是齐全的。

（3）师资、管理和教材。培训教师应该具有丰富的教学经验以及实际操作经验，熟悉该领域的最新技术和最前沿的理论。培训机构的管理要规范，否则会导致师资不稳定，从而影响培训效果。另外，正规培训机构一般会使用国际标准的教材或自行开发的教材。

（4）结合自身需求。只有了解自己最需要什么，才能选择最合适的培训机构。

知识延伸 **怎样避免踏入培训机构陷阱？**

应通过工商局网站查询培训机构的经营范围，并核实授权的真实性。须将培训地点、培训形式等重要的细节写入合同。

03 职业资格证书有什么用处?

职业资格是对从事某一职业所必备的学识、技术和能力的基本要求，反映了劳动者为适应职业劳动需要而运用特定的知识、技术和技能的能力。它直接、准确地反映了特定职业的实际工作标准和操作规范。

职业资格证书是劳动者求职、任职、开业的资格凭证，是用人单位招聘的主要依据，也是境外就业、对外劳务合作人员办理技能水平公证的有效证件。

职业介绍所的工作人员在工作过程中，对国家规定实行持证上岗的职业，都会要求出示职业资格证书并进行检查，凭证推荐就业；用人单位在招聘时，也是凭证招聘的。

04 什么是高等教育自学考试？有什么报考条件限制？

高等教育自学考试简称自考，它是国家开设的学历考试，对于性别、年龄和一些其他条件不作要求，只要能在规定的时间内通过所有的课程，达到考试要求，就能获得相应的大专或者本科学历。中华人民共和国公民，以及港澳台同胞、海外侨胞，不受性别、年龄、民族、种族、学历、身体健康状况、居住地等限制，均可根据本人的实际情况报考，本着学以致用的原则选择专业。

能遵纪守法、接受改造、积极学习的劳改、劳教人员，经有关部门批准后也可进行报考。

知识延伸 全国高等教育自学考试的考试时间及安排是怎样的？

全国高等教育自学考试时间一般一年两次，分别在 4 月和 10 月底的周六、周日。

近些年来，随着全国高等教育自学考试的发展，一年两次已无法满足考生的需求，各个省市根据各地的不同情况陆续开设了 1 月、7 月的考试。报名时间由各地自考办自行确定。

05 什么是职业技能竞赛？

职业技能竞赛是指依据国家职业标准，结合生产和服务工作实际需要，开展的有组织的群众性职业技能竞赛活动，是职业培训的重要形式。

天津市市级职业技能竞赛活动分为两类，即市级一类竞赛和市级二类竞赛。其中，全市性、跨行业（系统）的竞赛活动为市级一类竞赛；单一行业（系统）的竞赛活动为市级二类竞赛。

工会在身边

渤海轻工集团工会素质工程助力农民工成才

随着渤海轻工打造千亿集团步伐的不断加快，农民工队伍已经成为企业快速发展不可或缺的建设者和主力军。渤海轻工集团工会从素质上培养，从生活上关心农民工，实现了他们与渤海轻工集团发展的共建共享。

一是发挥工会教育职能和大学校作用。结合新工艺、新技术、新标准对岗位技能的要求，与“五比一创”劳动竞赛、劳模创新工作室创建相结合，开展技术比武、拜师学艺等。确保每年完成农民工技能培训2000人以上，一线职工提升技术等级培训比例达到30%，促进农民工素质的提升。比如海鸥集团工会组织的师带徒活动，涌现了一大批农民工技术骨干。

二是大力开展“五比一创”劳动竞赛和“五小”等劳动竞赛活动。各级工会一直坚持多层次、全方位开展现场革新改善活动，既涉及生产性提高、节能降耗等方面，也有工艺设备改进、工装磨具、安全防火、工作环境改善方面的小改小革。通过开展群众性学知识、长技能以及劳动竞赛活动，每年在工人先锋号、四合力班组、金牌工人、岗位能手评选中都有农民工涌现出来。海鸥集团工装磨具技术骨干、可口可乐 500-1 线比武骨干、万事达公司涂印铁技术比武骨干、乐金公司空调机工厂铜管焊接技术比武骨干等都是农民工。

三是通过建立激励机制提高素质。为了调动广大农民工的积极性，稳定这支生产管理离不开的农民工队伍，各企业都制定了农民工转正制度，好中选优，按照一定的比例转为正式职员，并享受五险一金的保险待遇。乐金公司已陆续为 421 名农民工办理了转正手续，占农民工总数的 26%。海鸥集团、兰普里克公司等每年都有农民工转为合同制工人，大大激励了农民工奋发向上、努力工作的积极性和创造性。

06 什么是“安康杯”竞赛?

“安康杯”竞赛就是把竞争机制、奖励机制、激励机制应用于安全生产活动之中的群众性的安全与健康竞赛，它是社会主义劳动竞赛在安全生产领域中的具体应用、实践和延伸。

“安康杯”竞赛的主要特点是：寓教于乐，采取职工喜闻乐见的活动形式，结合企业文化建设，使“安康杯”竞赛深入人心，变为职工的自觉行动。

知识延伸 用人单位应为农民工提供哪些职业培训?

用人单位为了让农民工更好地为企业创造效益，应重视提高农民工基本素质和工作技能等方面的培训。因此，用人单位应鼓励和支持农民工参加职业培训和职业技能鉴定。

07 在与人交谈时应注意哪些礼节?

（1）礼貌恰当地称呼别人，尽量使用标准的普通话。

（2）交谈时需态度真诚，集中精力，与交谈对象适当互动。

（3）说话要得体，语气要委婉。

（4）多使用文明用语，不随意打探对方隐私。

（5）不随便打断别人的谈话，不纠正、质疑对方说话的内容，顾及其他人。

（6）讲话时注意手势和音量，在保证吐字清晰的同时，避免粗声大嗓。

（7）要实事求是，妥当地表达自己的见解，意见不一时不争吵。

08 在公共场所应遵守哪些礼仪？

在城市生活中，应主动遵守交通规则，文明乘车，注意礼仪。在图书馆、博物馆应遵守阅览规则，保持室内安静；在公园和广场应当保持安静和卫生，不随手乱丢废弃物；在医院也应注意排队，保持病房安静以及卫生；在乘电梯时也应遵守先下后上等相应的规则。

知识延伸 什么是公民基本道德规范?

我国公民基本道德规范包括：

（1）“爱国守法”，强调公民应培养高尚的爱国主义精神，自觉地学法、懂法、用法、守法和护法。

（2）“明礼诚信”，强调公民应文明礼貌、诚实守信、诚恳待人。

（3）“团结友善”，强调公民之间应和睦友好、互相帮助、与人友善。

（4）“勤俭自强”，强调公民应努力工作、勤俭节约、积极进取。

（5）“敬业奉献”，强调公民应忠于职守、克己为公、服务社会。

09 在工作中应遵守哪些基本规范？

（1）严格遵守企业各项规章制度，按规定履行自己的工作职责。当天能够完成的工作当天做完，做到日清日结。

（2）主动学习专业知识，努力提高自身素质和技术业务水平，提高自身岗位工作能力。

（3）着装整洁、干净、大方，保持良好的精神状态。

（4）注重礼仪规范，与同事见面应打招呼问候。

（5）注意环境卫生，保持工作区域的清洁。

10 在家庭生活中应崇尚哪些美德？

（1）尊老爱幼。尊敬老人、抚育子女，反对虐待、不赡养老人和不抚养儿童的不道德行为。

（2）男女平等。家庭成员之间，包括子女之间、夫妻之间等，不同性别均应有平等的权利。

（3）夫妻和睦。平等恩爱是夫妻和睦的关键，也是建立美满幸福家庭生活的关键。

（4）勤俭持家。勤俭持家是文明家庭的重要标志。

（5）邻里团结。邻里之间应该以礼相待、互谅、互让、互帮、互助、团结友爱。

知识延伸　日常生活和工作中需要了解哪些方面的法律常识？

出门在外，农民工要学习、了解一些相关的法律基本常识，如《宪法》《劳动法》《劳动合同法》《劳动争议调解仲裁法》《治安管理处罚法》《刑法》《婚姻法》等，做个学法、懂法、守法、用法的公民。

工会在身边 东丽区总工会启动“农民工素质提升大讲堂”系列活动

2016年6月，东丽区总工会启动“农民工素质提升大讲堂”系列活动，7月内将为全区4000名农民工分期分批进行现场宣讲，并发放4000份农民工调查问卷和4万元的慰问品，直接和间接培训农民工近1万名。

区总工会将4000名农民工分为30人至40人的小组，结合每组农民工的工作时间和工作安排，确定每期宣讲时间。宣讲紧紧围绕全区农民工的实际，向农民工讲授法律维权知识、劳动就业政策、职业规划策略、心理健康调适等内容，宣传工会的性质和职能，加入工会组织的方式，会员的权利和义务，工会能够为农民工提供的法律咨询、法律援助、就业培训、困难帮扶等服务项目，在现场宣讲中与农民工互动交流，为农民工答疑解惑。

（资料来源：天津工人报）

第六章　法律援助

01 职工法律援助是指什么?

职工法律援助，是指各级工会设立的职工法律援助机构指派援助人员，为合法权益受到侵害的职工、工会工作者和工会组织提供的无偿法律服务。

职工法律援助是政府法律援助的必要补充。各级工会应当与同级司法行政部门建立法律援助联动机制，整合资源，做好职工法律援助工作。

工会法律援助机构与困难职工帮扶中心合署办公。法律援助机构负责人及相关管理人员由同级工会委派或者聘任。

02 哪些部门应为农民工提供法律援助?

农民工因请求支付劳动报酬或者因工伤赔偿申请法律援助的，各级法律援助机构、各级工会、妇联等社会团体应当结合自身职责，为农民工提供法律援助服务。

工会法律援助的形式主要有：普及法律知识，提供法律咨询，参与协商、调解、仲裁，诉讼代理以及其他法律援助形式等。工会法律援助的范围主要包括：劳动争议案件，因劳动权益涉及的职工人身权、民主权、财产权受到侵犯的案件，以及工会认为需要提供法律援助的其他事项。

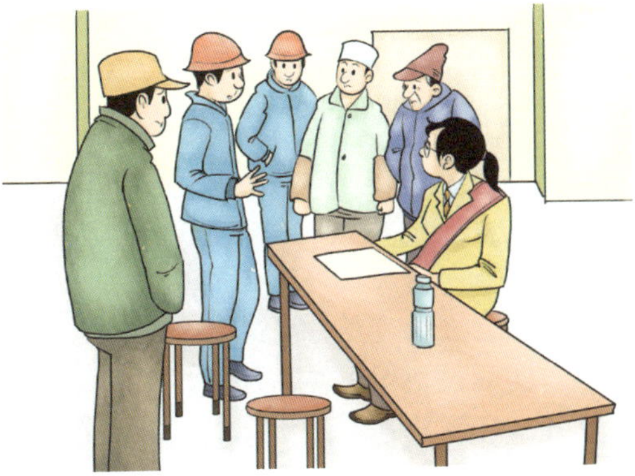

工会在身边

城建集团工会推动实现农民工体面劳动

全面推进工资集体协商工作，是落实“切实维权”，确保农民工的基本利益、核心利益不受侵害，促进企业和谐发展的重要保证。多年来，城建集团工会在推进农民工工资集体协商工作中，坚持“四项原则”，把握“三个环节”，许多尝试和探索一度走在了全国的前列。

“四项原则”，即：一是坚持全方位开展协商的原则。集团工会将长期合作相对稳定的农民工队伍全部纳入协商范围。二是坚持“真谈、实谈”的原则。结合多年来开展集体协商的实践，集团工会依法依规指导农民工工会与农民工负责人开展协商，协商一致后，双方签订具有实效的集体合同、集体协商协议，并在所属企业工会和集团工会备案。三是坚持突出协商重点的原则。工资集体协商的重点是确保合理的薪酬标准、发放时间、支付办法等，避免拖欠农民工工资现象。四是坚持严格规范协商程序的原则。为确保协商的公平性，集团工会与企业工会帮助和指导农民工工会针对协商内容提出建议和意见，并以书面形式向施工队负责人提出协商要约，同时召开农民工员工大会予以通报、座谈，确定协商议题，最后在双方协商一致的基础上，履行签订手续。

“三个环节”，即：一要把握好协商前调研、培训、沟通环节。通过调研了解农民工利益诉求及生产生活条件，对农民工工会代表进行工会知识、协商程序、操作方法等内容的培训，再通过双方沟通形成一致意见，夯实了集体协商、签订集体合同的工作基础。二要把握好宣传教育环节。企业和项目工会协助农民工代表向全体农民工宣传集体协商、集体合同的内容和维权途径，不断增强全体农民工依法维护自身经济权利和民主权利的认知力和操作能力。三要把握好集体合同的履约环节。企业工会在组织职工代表（包括农民工代表）巡视检查企业集体合同履约情况时，一并对农民工集体合同履约情况进行检查，发现问题及时提出改进措施，并在职工和农民工中公开、公平、透明地公示履约情况。

03 职工法律援助的范围是什么？

职工法律援助的范围，具体如下图所示：

◎劳动人事争议案件。
◎因劳动权益涉及的职工人身权、民主权、财产权受到侵犯的案件。
◎各级工会认为需要提供法律援助的案件。

04 职工法律援助的形式有哪几种？

职工法律援助的形式，具体如下图所示：

◎提供法律咨询。
◎代写法律文书。
◎参与协商、调解等非诉讼法律事务。
◎担任劳动人事争议仲裁、诉讼案件代理人。
◎担任执行案件代理人。
◎其他法律援助形式。

知识延伸 家庭困难农民工受工伤，可否申请法律援助？

用人单位未为农民工办理工伤保险的，农民工发生工伤，由用人单位依照法律规定的工伤保险待遇支付费用。

由于农民工本身缺乏对法律的了解，很难凭借个人的微弱力量来维护自己的合法权益，而法律援助中心提供免费的法律援助服务，解决了这一问题。因此，农民工要学会向法律援助中心求助。

05 哪些人可以接受职工法律援助？

职工自身合法权益受到侵害且符合下述所示情形之一的，可以申请职工法律援助。

◎列入困难职工档案的职工。

◎因请求支付劳动报酬、工伤或者人身损害赔偿、社会保险待遇，事实清楚，确需工会提供法律援助的农民工。

◎非在档管理的困难职工，但有证据证明合法权益被严重侵害，确需工会提供法律援助的职工。

◎其他确需工会提供法律援助的职工。

手指惨遭轧断受工伤，可否申请法律援助？

陈某于2015年8月1日到某市某超市面点柜台担任面点制作员。2015年10月7日，陈某在工作中受伤，左食指、左中指、左环指被轧断。经过工伤认定后，鉴定为七级伤残。由于超市没有为陈某办理社会保险，陈某向公司提出辞职的同时要求赔偿13.66万元，但该公司只愿意赔偿4万元，双方多次协商未果。

无奈之下，陈某向该市区劳动争议仲裁庭提出仲裁申请，在仲裁庭工作人员的指引下，陈某向法律援助服务中心提出了法律援助申请，经区法律援助中心审查后指派刘律师承办该案。

后经过法律援助中心的援助，该公司决定赔偿10万元给陈某。陈某与刘律师商量后，表示接受。签订协议后，公司方当即支付了赔偿金。

06 哪些项目可以从职工法律援助经费中列支？

可以从职工法律援助经费中列支的项目，具体如下图所示：

◎法律援助承办人员的办案补贴。
◎受援人无力负担的鉴定、公告、执行申请等费用。
◎法律援助承办人员赴外地（含外省、设区市）办案所需的住宿费、必要的交通费、调查取证费等费用。
◎向签约律师事务所值班律师支付的服务费用。
◎法律援助人员的培训费用。
◎重大信访案件调查处理所需的差旅费。
◎对工作成效突出的法律援助组织和人员的奖励费用。
◎职工法律援助机构办公费用。
◎确需承担的其他相关费用。

知识延伸 **职工该到哪里申请法律援助？**

职工需要申请法律援助，可以向劳动（聘用）合同履行地或者用人单位所在地的职工法律援助中心提出申请。

07 申请法律援助应提交哪些资料？

职工申请法律援助，应当填写《职工法律援助申请审批表》，同时还应提交有关材料，具体如下图所示：

◎身份证、工作证或者有关身份证明。

◎所在单位工会、地方总工会或者居住地居委会、街道办事处出具的申请人经济情况证明。

◎与援助案件相关的材料。

◎职工法律援助机构认为需要提供的其他材料。

08 受援人享有哪些权利和义务？

在法律援助实施过程中，受援人享有的权利为：

（1）了解为其提供法律援助活动的进展情况。

（2）有事实证明法律援助承办人员未履行职责的，可以要求更换承办人员。

在法律援助实施过程中，受援人有如实提供案件事实情况和相关材料、证明，配合法律援助承办人员开展工作的义务。

知识延伸 终止法律援助的情形有哪些？

（1）受援人以欺骗手段获得法律援助的。

（2）拒不配合承办人员工作，提出并坚持不合法要求的。

（3）隐瞒事实真相、提供虚假证明的。

（4）损害职工法律援助中心及承办人员名誉的。

以案说法

厂家拒绝工伤赔偿，法律援助讨公道

林某于2012年3月10日起到某铝合金工程有限公司上班，2012年3月31日工作时受伤，造成左手除拇指外其余四手指受伤。由于林某未与公司签订书面劳动合同，公司也未给林某缴纳工伤保险，该公司否认与林某存在劳动关系，称将加工业务承包给承揽人胡某，与林某发生劳动关系的应是承揽人胡某。承揽人胡某承认与林某之间的劳动关系，对其属于工伤没有异议，但只同意给林某少量赔偿。

于是，林某向某市法律援助中心求助。法律援助中心指派刘律师跟进此案。刘律师建议双方到相关机构咨询，根据林某受伤情况可评定为几级伤残，通过咨询双方对其达到七级伤残没有异议。根据工伤保险相关法律法规，刘律师加紧做双方工作，最终双方达成一致赔偿意见，林某获一次性伤残、就业补助金等共8.3万元。

第七章　困难帮扶

01 工会救助帮扶的对象及条件是什么？

（1）家庭人均收入低于当地最低生活保障线，经政府救助后生活仍十分困难的职工。

（2）家庭人均收入略高于当地最低生活保障线，但由于疾病、子女教育或意外灾难等原因，不能维持基本生活的职工。

（3）因各类自然灾害或重大意外事故等原因造成生活特别困难的职工。

（4）因劳动经济等合法权益受到侵害需要法律援助和就业遇到困难的职工。

（5）农民工要符合以下四个条件：①以工资为主要收入来源；②有固定工作单位并签订一年以上劳动合同；③因子女尚小、本人或家庭成员患重大疾病、家庭或家庭成员遭遇自然灾害或重大事故等因素造成困难；④已加入工会组织。

02 什么是生活救助帮扶？

生活救助帮扶，是指为政府救助政策暂时覆盖不到的低保边缘户、已经覆盖但仍然十分困难的低保户以及因遭受各类灾害、重大意外事故造成生活特别困难的职工家庭提供生活救助。

03 什么是金秋助学？

针对建档的困难职工家庭在学子女，各级工会每学年前开展“金秋助学”专项帮扶。一是引导符合政府救助条件的困难职工子女落实政府相关助学政策，促进制度保障的落实；二是对政府救助政策尚未覆盖或经政府救助后仍存在困难的职工子女开展相应的助学活动。

知识延伸 什么是大病医疗专项救助？

大病医疗专项救助是指为身患大病、医疗负担过重的职工本人或家庭成员，进行大病医疗专项救助，赠送购药卡、药品和医疗补助金。

工会在身边

河西区总工会开展“爱心成就梦想”金秋助学活动

2015年7月，天津市河西区总工会启动“金秋助学”，在前期调查摸底的基础上，划拨专项助学资金4万余元，直接帮扶困难学子42名。据了解，2005年中华全国总工会将资助困难职工家庭子女助学活动统一命名为“金秋助学”。如今，“金秋助学”已成为全区工会组织的品牌活动。

近年来，区总工会不断完善助学工作机制，一年两次开展困难职工调查，对全区特困职工子女在校就读和当年入学等情况调查摸底，做好统计、审核、建档工作，为帮助困难职工子女完成小学至大学期间的学业，给予400元至2000元不等的资助。

为帮助困难职工和困难农民工在学子女顺利完成学业，2016年区总工会金秋助学的重点包括：困难职工家庭中人均实际收入低于我市最低城镇居民生活保障线，子女正在就学人员；

职工因家庭成员突遇大病等原因造成子女就学困难；子女正在就学的单亲困难职工家庭；子女在本市就读且加入工会组织的在津困难农民工家庭；其他原因造成子女就学困难的职工家庭。受助学子纷纷表示，感谢工会组织的关怀和帮助，他们会珍惜来之不易的机会，好好学习，将来学有所成努力回报社会。

（来源：天津日报）

04 什么是冬季送温暖及两节慰问？

每年冬季及元旦、春节期间，各级工会上下联动为建档立卡的困难职工开展多种形式的慰问活动，把党和政府以及工会组织的温暖送到困难职工的心坎上。

知识延伸 《关于发展工会再就业服务联社的办法》的主要内容是什么？

劳动出政策，财政出资金，工会具体运作，对吸纳下岗职工、就业转失业人员和本市失地农民实现就业，签订一年以上劳动合同（协议）并加入工会再就业服务联社的用工单位，根据安置的上述三种人的人数按照每人每年1200元的标准给予资金补贴，连续支持三年。

05 工会应怎样做好农民工平安返乡工作?

在春节前期，各级工会组织都会积极配合行政深入到农民工集中的工业园区、社区、企业和工地等，认真落实农民工返乡需求，帮助他们协调解决返乡遇到的各种困难，及时联系和协调铁路、交通运输部门，合理安排组织运力，为农民工提供便捷、安全、经济、有序的交通服务，解决他们返乡时最紧迫的交通问题。

红桥区总工会四大帮扶凸显桥梁纽带作用

2014年，红桥区总工会围绕西于庄征改重点工作，以开展“三温暖”活动为突出任务，确定了以宣传、服务、引导、帮扶为重点的四大帮扶措施，让职工们倍感“娘家”温暖。

工会作为政府联系职工的桥梁和纽带，有更广泛的群众基础。区总工会充分利用自身优势，积极发动职工群众，以构建区、街道、社区三级服务网络为载体，通过组建劳模法律顾问团、法律志愿者服务队，深入拆迁片区的企业和居民家中，宣传政策，安抚情绪，晓之以理，动之以情，起到了良好的社会效果。居住在西于庄片区的盛大爷是一名老党员，也是区工会一网通内常年帮扶的特困职工，尽管自患心脏病，家中还有患精神疾病的妻儿，但得知工会要组建法律志愿者服务队伍时，发动街坊邻居积极响应政府号召，为和谐拆迁贡献自身力量。

为了更好地为职工服务，区总工会以亲情路线为主，通过用温暖感动职工、用温情访问企业、用温馨服务贴近职工，让居住在西于庄的每一名职工不因困难而放弃。截至目前，区总工会投入5万余元，为动迁的区属特困职工、街道困难农民工、单亲困难女职工近百人送去关心和关爱，让职工在拆迁过程中得到关怀和温暖。针对拆迁片区的改制、民营和小微私企，区总工会主动与动迁企业工会组织对接，摸清底数，倾听企业和职工的心声，向党委和政府及时反映，积极联系红桥区宝能创业中心等商业载体帮助动迁企业找场地，提供政策咨询，帮助企业渡过难关。

此外，区总工会还密切关注动迁职工生活，通过调查摸底，将15名生活困难的动迁职工纳入帮扶网络给予救助，为因动迁下岗的区属企业职工开展职业介绍、技能培训、法律援助活动累计4次。炎炎夏日，区总工会以街道和企业为载体，为西于庄片区困难职工送去暖暖的问候和夏日的清凉，用真心、细心和耐心引导老百姓服从大局，支持拆迁，在西于庄危陋房屋征改工程中切实发挥了工会的作用。

（来源：天津工人报）

第八章　城市生活

01 什么是户口迁移证？

户口迁移证是公民户口所在地变动时，由原户口所在地迁往新落户地址的凭证。由户口迁出地的公安机关（高校由校公安派出所）开具。持证人到达迁入地后，须在有效期内将户口迁移证交给户口登记机关申报入户。

户口迁移证是公民在户口迁移过程中的重要凭证，公民要妥善保管，不得遗失、涂改或转借，若不慎将户口迁移证遗失，应立即报告当地户口登记机关。

02 什么情况下需要办理户口迁移证？

新生、转学学生迁入户口，毕业、退学、转学迁出户口，学校集体户口转入家庭户口，补办户口迁移证，户口迁移证过期办理，居民、职工家属城镇户口申报落户，成建制单位搬迁落户，征用土地落户等，以上情况都需要办理户口迁移证。

天津市公民迁入（准迁）户口办理手续如下：

（1）分清不同类型，分别准备所列不同材料到迁入地派出所办理户口准迁手续。

（2）当事人可持《户口准迁证》（第二联）和被迁移人《户口簿》到所在地派出所办理《户口迁移证》。

（3）当事人持《户口准迁证》（第三联）和《户口迁移证》到迁入地派出所办理入户手续。

知识延伸 流动人口婚育证明有什么作用？

流动人口婚育证明是证明流动人员的身份，了解其婚姻、生育、落实节育措施、计划生育奖罚等情况的证件，以便于有关部门的管理和服务，也便于提供相关的政策咨询。

03 哪些人需要办理天津市居住证?

年满 16 周岁的境内来津人员，拟居住 7 日以上半年以下的，应当持本人居民身份证或者其他合法有效身份证件，向居住地流动人口服务管理机构申报居住登记。

已居住半年以上且拟继续居住的境内来津人员，应当依照《天津市居住证管理暂行办法》的规定申领居住证。未满 16 周岁或者就学的境内来津人员，可以依照本办法的规定申领居住证。

需要申领居住证的，由个人到现居住地流动人口服务管理机构办理，或者由个人所在工作单位（以下称用人单位）集中到单位所在区县的人口服务管理中心办理。未满 16 周岁的未成年人和行动不便的老年人、残疾人等，可以由监护人或者受托人代为申报居住登记、申领居住证。

04 申领居住证时，应当提供哪些基本材料？

（1）《天津市居住证申请表》和近期照片。

（2）居民身份证等有效身份证明。

（3）在本市合法居所的证明。

（4）在津就业的应当提交就业证明。

（5）其他证明材料。

监护人或者受托人代为办理的，应当提供合法有效证明。

05 非津籍人员如何办理子女入学？

外来务工人员随迁子女在津入学，须持有居住证、户籍证明（户口复印件）、务工证明、住（租）房证明、儿童预防接种证，由区教育局统筹就近安排在公办小学就读。

美克国际家私（天津）制造有限公司工会关心职工最关注的问题

美克公司职工多为外来务工人员，河北、甘肃、河南等地农民工占比较大。公司工会每年都会开展满意度调查，了解职工最关注的问题和最主要的需求。并以此作为工会工作的出发点，重点做了以下几项工作：

一是推动公司兴建家属公寓，供已婚职工家庭入住。为了给职工提供良好的居住条件，公司建成了三个配套完善的生活区，共计 2000 余间宿舍，保障了职工的基本住宿需求。2011 年，在工会的大力推动下，公司投资 4000 万元，新建了家庭专用宿舍楼，为全厂 1300 多个家庭，近 2000 名职工解决了住宿问题。

二是协调管委会有关部门，解决子女入学教育问题。为解决职工子女的就业问题，公司工会同公司行政方与开发区教育部门反复协调，解决了部分子女在开发区的入学问题。截至 2015 年 7 月，公司400余名职工子女实现了在区内就读。同时，工会还协调公司行政方，每天安排通勤班车接送职工子女上学，通过细致入微的服务，让职工对工会更加信赖。

三是每年岁末，多种方式保障职工顺利返乡。每年临近春节，工会都会牵头成立平安返乡保障小组，或者租用大巴车直接将职工送回家乡，节后再将职工接回公司；或者联系票务公司现场订票，协助职工到车站或网上购票，并做好火车站、汽车站的接送工作。此外，工会还为每名返乡职工提供旅途慰问品，让大家在返乡的途中也能体会到工会的关怀。

四是解决职工用餐问题。用餐是职工最为关注的问题之一，工会每年都下大力气改善食堂，比如丰富菜品，照顾来自不同地区职工的口味，降低管理成本，把实惠留给职工等。除此之外，工会经过与行政方协调，免费为职工提供工作加餐。这一举措的实施，每年就让广大职工得到数百万元的实惠，大大提高了职工满意度，实现了职工与企业利益的双赢。

06 怎样选择医院看病?

农民工应根据自己的病情、地理位置、经济情况来合理选择医院。科学选择医院应遵循“小病就近及时医、大病选择专业大型医院专家医”的基本原则。

如果在小型专业医院诊断后，无治疗办法或者无法确诊，需要及时选择大型医院就诊，以免贻误病情。

知识延伸 如何获得公共服务?

通过政府公报、政府网站、新闻发布会以及报刊、广播、电视等方式了解当地政府提供的各项公共服务内容和获得办法。

结合自身的需要，对相关服务进行有针对性的了解。比如想了解如何获得养老保险金，可以向当地社保机构咨询；想进行职业教育则可以与当地的社会保障部门沟通。

07 怎样缴纳社会保险？

（1）通过工作单位缴纳。社会保险由用人单位相关部门具体办理，个人需缴纳费用一般从当月工资中扣除。

（2）个人以自由职业者的身份缴纳社会保险。城镇户口或农转非户口自由从业人员可以到当地社区街道的社保服务点，或区县一级的社保局（劳动保障局）办理。个人缴纳社保所需基本资料为户口本、身份证和复印件，两张1英寸照片。

08 养老金的领取有哪些条件？

职工达到法定退休年龄且累计缴纳养老保险满15年可领取养老保险金。法定退休年龄的规定是：

（1）企业职工男年满60周岁，女年满50周岁，女干部年满55周岁即达到法定退休年龄。

（2）从事井下、高温、高空、特别繁重体力劳动或其他有害身体健康工作的，男年满55周岁，女年满45周岁可以退休。

（3）因病或非因工致残，由医院证明并经劳动鉴定委员会确认完全丧失劳动能力的，退休年龄为男年满50周岁，女年满45周岁。

知识延伸 农民工与其他职工享有的权利一样吗？

农民工应享有与其他职工一样的权利，与用人单位其他职工应实行同工同酬，其工资的确定和调整应与其他职工享有同等待遇。另外，在参与评定技术职称、晋升职务以及评选劳动模范和先进工作者等方面，农民工与其他职工也享有同等权利。

09 外地来津就业人员能享受城镇住房保障待遇吗？

根据《天津市基本住房保障管理办法》，符合条件的外地来津就业人员可以申请租赁公共租赁住房。申请租赁公共租赁住房、购买限价商品住房或者经济适用住房的，应当向户籍所在地区县住房保障实施机构提出申请，但因房屋被征收申请购买定向安置经济适用住房的，应当向被征收房屋所在地区县住房保障实施机构提出申请。

申请人应当如实申报户籍、家庭人口、住房状况、家庭收入（财产）等情况，并书面声明同意接受相关审核部门的调查核实。

10 2016年天津城乡居民最低生活保障标准是什么？

（1）城乡居民最低生活保障标准由每人每月705元、540元调整至每人每月780元、700元。

（2）城市特困人员供养标准由每人每月1410元调整为1560元。

（3）农村特困人员供养（农村五保供养）的集中供养标准由每人每月1080元调整为1400元，分散供养标准由每人每月810元调整为1050元。

知识延伸 农民工家庭能够纳入最低生活保障范围吗？

县级以上人民政府民政部门应当依照国家有关规定，将符合低保条件的困难农民工家庭，纳入最低生活保障范围。

根据天津市民政局、天津市财政局下发的《关于调整社会救助范围和标准的通知》，从2016年4月1日起，城市居民最低生活保障标准由每人每月705元调整至每人每月780元；农村居民最低生活保障标准由每人每月540元调整至每人每月700元。

在劳动就业上，注重指导帮助农民工签订劳动合同，开展就业援助、技能培训、小额贷款、创业扶持，并成规模、高效率地开展农民工培训。

在工资报酬上，围绕工时工价、劳动定额等开展集体协商；以建筑施工、公路和水利建设、加工制造、餐饮服务及劳动密集型企业、劳务派遣企业为重点，推动建立欠薪报告制度。

在社会保障上，引导农民工增强社保意识，督促企业按时足额缴纳社保费，提高农民工参保率，并推动解决社保缴费、转移、接续等问题。

在安全生产上，组织更多农民工参与群众性劳动安全卫生监督检查，扩大“安康杯”竞赛的覆盖面。同时，以尘肺病防控为重点，规范职业健康监护管理。

在困难帮扶上，深入开展“送温暖”“金秋助学”“农民工平安返乡”等活动，帮助农民工解决生产生活中遇到的实际困难。

11 天津名称的由来是什么？

1399年，燕王朱棣率军南下，从天津三岔口渡河袭取沧州，于1402年攻入当时明朝首都南京，登上了天子宝座。朱棣登基后，对他争夺天下时经过的三岔河口十分赞赏，认为是块风水宝地，遂让群臣献名。最后，朱棣选中“天津”二字，意为“天子渡津之地”，天津由此得名。

不久，朱棣迁都北京，天津便成了京城的门户，军事地位日益重要。明朝永乐二年（1404年），在天津设卫，“卫”是明朝的一种军事建制，天津共设三卫，驻军1.6万余人。于是，人们又把天津叫作天津卫。设卫就是要筑城，天津作为一个完整意义的城市历史由此而开始。

12 天津有哪些人文景观?

（1）异国风情的风物建筑。1860年后，天津先后成为英、法、美、俄等多国租界，随之一些官僚、军阀等在租界内设公馆、别墅，陆续出现了各式建筑和花园洋房，主要分布在和平区的解放路、花园路、“五大道”、赤峰道等地。

（2）历史事件遗迹和名人旧居。在中国近现代史上有许多重大的历史事件与天津有着密切的关系，如大沽口炮战、火烧望海楼、《天津条约》等。许多中国近现代史上的名人及革命人物也在天津留下过足迹。

（3）地方民俗文化景观。滨海枕河的天津，早年因漕运兴旺而发祥，各方商贾云集，逐渐形成天津独特的地方民俗文化景观，如古文化街、娘娘宫、石家大院等。

13 什么是天津卫“三宗宝”？

（1）鼓楼。鼓楼始建于明弘治年间，整座鼓楼高三层。传说鼓楼之前是有鼓的，说后来为了报时的需要，才把大鼓移走，换成了一口钟。

（2）炮台。明代崇祯十二年（1639年），为了防御满洲统治势力侵犯，在天津城周围建造了七座炮台，分别设在七个地方，就是今天的马家口、海光寺西、三岔河口北岸、河北区窑洼南岸、红桥区西沽、邵公庄东和双庙街。

（3）铃铛阁。铃铛阁是明代万历七年（1579年）建成的一座藏经阁，清康熙三十八年（1699年）重建。阁外檐重出，檐牙参差，檐角悬挂风铃，共计48只，微风吹拂，远闻数里，因此称为铃铛阁。

14 天津有哪些著名的高等学府？

（1）南开大学。南开大学由严修、张伯苓秉承教育救国理念创办，肇始于1904年，成立于1919年，是国家教育部直属重点综合性大学。

（2）天津大学。天津大学的前身为北洋大学，始建于1895年10月2日，是中国第一所现代大学，开中国现代高等教育之先河。

（3）中国民航大学。中国民航大学的前身是1951年9月成立的军委民航局第二民用航空学校，当前是一所民航学科专业门类齐全的高等学府。

（4）天津医科大学。天津医科大学的前身创建于1951年，是天津市教育委员会主管的一所研究教学型医科重点大学，是“211工程”重点建设院校之一

（5）天津师范大学。天津师范大学始建于1958年，原名天津师范学院，1982年更名为天津师范大学，是天津市属重点院校。

15 天津市民服务热线是什么？

天津8890服务专线以电话呼叫为主，同步微信、微博、QQ以及手机客户端等多种渠道，市民无论是咨询、求助还是投诉，通过8890专线，都可以享受到365天24小时的“一站式”服务。

便民服务专线设立统一呼叫中心，集中办理市民咨询、求助、投诉事项，承办单位不再直接接听群众电话。承办单位新增服务资源全部纳入统一平台。

8890服务平台的知识库系统，与53个部门、16个区县实时联网，归集5大类17428条服务信息，通过系统模糊查询、精准定位、提高咨询解答和转办效率。

第九章　应急避险

01 怎样做好居家防盗?

（1）家中现金存放不宜过多，其余可存入银行并记下存折账号。

（2）现金、首饰、存折、有价证券和其他贵重物品，应放置在不易被外人发现的地方。

（3）家门钥匙不要离身，也不要轻易借给别人。

（4）不要轻信陌生人，有人敲门要问清、辨识后再开门。

（5）邻里互相关照，发现形迹可疑的人应及时报告当地派出所或打 110 报警。

02 怎样应对入室抢劫？

（1）要冷静思考对策。如果歹徒持凶器抢劫，应避免与歹徒发生冲突。

（2）向歹徒传达自己的家人很快就会回来的消息，使其心慌，不敢久留。

（3）记下歹徒的面容、身高、衣着、口音、举止等特征，为破案提供线索。

（4）注意保护现场，歹徒用手摸过的物品留给公安人员提取现场物证。

知识延伸 如何做好家中幼童的安全防护?

（1）把一些常见的利器和小物，如剪刀、刀具、硬币、牙签、纽扣等放好，避免幼童接触。

（2）注意家中易掉落物品的摆放，避免幼童触碰而导致意外发生。

（3）大部件的床上用品要预先收拾好，以避免幼童钻进去出不来。

（4）宠物可能会误伤幼童，同时，还会增加幼童感染细菌病毒的机会，尽量不要饲养或做好有效防护措施。

03 怎样预防天然气泄漏事故？

（1）常开窗通风换气。

（2）正确使用燃具，燃具安装的位置要避开风口。

（3）教育儿童不要玩火和乱拧阀门，以免损坏灶具或忘记关闭阀门。

（4）使用燃具时人不得远离，以免汤水沸溢扑灭火焰，或被风吹灭造成跑漏气引起事故。

（5）发现煤气泄漏，应迅速关闭阀门，打开门窗，切勿触动电器开关或使用明火。

04 怎样预防火灾?

（1）室内装修装饰不宜采用易燃、可燃材料。

（2）养成不乱扔烟头、火种的习惯。

（3）生活用火要特别小心，火源附近不要放置可燃、易燃物品。

（4）电器线路破旧老化要及时修理更换。

（5）要教育儿童养成不玩火的习惯。

（6）离家或睡觉前要检查用电器具是否断电，燃气阀门是否关闭，明火是否熄灭。

（7）火灾来袭时要迅速疏散逃生，不要贪恋财物。

知识延伸 灭火的常见方法是什么?

（1）隔离法。将着火点或着火物与其周围的可燃物质隔离或移开。

（2）窒息法。阻止空气进入燃烧区，或者用不燃烧的物质（气体、干粉、泡沫等）隔绝或冲淡空气。

（3）冷却法。将水、泡沫、二氧化碳等灭火剂喷射到燃烧区内，吸收或带走热量。

（4）化学抑制法。用含氟、氯、溴的化学灭火剂（如1211等）喷向火焰。

05 化学用品烧伤应怎样急救？

（1）强酸类。如系通过衣服浸透烧伤，应即刻脱去衣服，并迅速用大量清水反复地冲洗伤面。充分冲洗后可用中和剂，如小苏打水（碳酸氢钠）、肥皂水冲洗。

（2）强碱类。如果碱性溶液浸透衣服造成烧伤，应立即脱去衣服，并用大量清水彻底冲洗伤处。充分清洗后，可用稀盐酸、稀醋酸（或食醋）中和剂，再用小苏打水或碱性肥皂水冲洗。

（3）磷烧伤。迅速灭火，用大量清水冲洗。冲洗后，再仔细察看局部有无残留磷质，也可在暗处观察，如有发光处，用小镊子剔除。

06 煤气中毒后应怎样急救？

（1）将中毒者迅速抬到空气新鲜、通风良好的地方，松解衣服和排除口中、鼻中杂物，注意保暖。

（2）对头痛、恶心、呕吐等轻微中毒者，可以直接送医院急救。

（3）对失去知觉、口吐白沫等严重中毒者，应迅速请医务人员现场救治，然后送往医院急救。

（4）对已停止呼吸者，应在通知医院的同时，在现场立即做人工呼吸或使用苏生器急救，就近送往医院抢救。

知识延伸 化学气体中毒如何急救？

（1）汽油中毒。应迅速将病人移离中毒现场，脱去衣裤，并用肥皂水清洗皮肤，静卧，吸氧。

（2）甲醇中毒。由吸入原因导致中毒的，迅速将病人移离中毒现场，保持呼吸道通畅，必要时吸氧；由误服导致中毒的，立即催吐；对已昏迷、休克的，应及时清除口腔内异物，及时送往医院抢救。

07 割伤后应怎样急救？

（1）先取出伤口处的玻璃碎屑等异物，用干净的纱布直接持续按压住伤口，止血后用水洗净伤口，挤出一点血，涂上红汞水后用消毒纱布包扎。也可在洗净的伤口上贴上创可贴，可立即止血，且易愈合。

（2）若严重割伤大量出血时，应先止血，让伤者平卧，抬高出血部位，压住附近动脉，或用绷带盖住伤口直接施压，若绷带被血浸透，不要换掉，再盖上一块施压，随即送医院治疗。

08 电梯发生意外时怎么办？

（1）不要强行开门，以免带来新的险情。

（2）通过警铃、对讲系统、移动电话或电梯轿厢内的提示方式进行求援。

（3）如果没有电话，应拍门呼喊或脱下鞋子拍门。如无人回应，则需稳定情绪，观察动静，保存体力，等待营救。

（4）与电梯轿厢门或已开启的轿厢门保持一定距离，听从管理人员指挥。

（5）在救援人员到达现场前不得撬砸电梯轿厢门或攀爬安全窗，不得将身体的任何部位伸出电梯轿厢外。

知识延伸 电梯下坠时的自我保护?

（1）迅速按下每一层楼的按键，可在紧急电源启动时，使电梯马上停止下坠。

（2）如电梯内有把手，应紧握把手，背部跟头部紧贴电梯内墙，以免摔伤。

（3）如电梯内没有把手，则双手反撑电梯内墙，然后背部跟头部紧贴电梯内墙，以固定身体，利用电梯墙壁保护脊椎。

（4）要使膝盖呈弯曲姿势，用膝盖的弯曲来承受重击压力。

09 在提款机取款时应怎样防骗抢？

（1）在银行下班后使用自动提款机时，应格外警惕，可先观察周围的情况，如果发现有人尾随、偷窥，应尽快离开。

（2）如必须在夜间使用自动提款机取款，应找人陪伴，提取现金后迅速离开。

（3）操作自动提款机时要注意周围的情况，如有人以各种理由靠近机器或上前搭话，应要求其与自己保持一定的距离。在输入密码时要用身体遮挡键盘，确保密码不被他人看到。

（4）若操作中受到干扰，在完成所有操作后，要仔细核对取回的银行卡和交易清单，确认没有被人趁乱调包才可离开。如果遭到骗抢，应及时拨打110报警。

10 公交车上应怎样防偷盗？

（1）尽量不要在外衣、裤兜里放钱包、现金、手机等。把外套的纽扣拉锁扣好、拉好，不给小偷留下可乘之机。

（2）上下车时，不要将包背在身后，要把包置于胸前，以防小偷割包、掏包。

（3）上车后要警惕故意挤撞的可疑人，对一直紧贴身旁的人尤其要小心，防止小偷利用汽车起步、停车、拐弯、急刹车的时候顺势行窃。

（4）如果发现手机被盗，可以马上向其他乘客借手机拨打自己的手机号码，如果小偷没来得及关机即可循铃声抓住小偷。

11 怎样防备飞车抢劫?

（1）在街道上行走时，尽量远离机动车道，应将包挎在自身靠近便道内侧一方。骑车时如果车筐内放有提包，应把包带绕在车把上。

（2）买东西、打电话时要注意身边是否有可疑的陌生人，特别是骑摩托车和自行车的人。不要边走路边打手机，也不要把手机挂在胸前。

（3）一旦发现有骑摩托车的可疑人尾随，可迅速站到大树、汽车等障碍物后面，或就近避入临街商店内。

（4）一旦被抢，切勿慌乱，要努力记清歹徒的体貌特征、所驾摩托车的颜色、牌号及逃跑方向，及时拨打 110 报警。

知识延伸 常见应急电话有哪些?

类别	号码
报警求助	110
火警	119
医疗救护	120
道路交通事故报警	122
水上求救	12395
红十字会急救台	999
供电局	95598
天气预报	121
国内邮政编码查询	184

12 遇到拦路抢劫应采取哪些措施？

（1）面对歹徒，不要惊慌，要保持冷静。因为歹徒的目的是抢劫钱财，急于逃走可能会遭到歹徒的伤害。

（2）如果感觉自己对付不了歹徒，可将随身携带的钱财或物品先交给歹徒，以保证自己的生命安全，同时记住歹徒的相貌、衣着、身高、口音和逃跑方向、交通工具及车牌号等，寻找机会及时报警。

（3）寻找机会求救，一旦看准时机便向有人、有灯光的地方奔跑。

（4）如果歹徒人数较少，在有群众路过时，可趁歹徒不备突然跑开并高声呼救，在群众的协助下将歹徒吓跑或扭送至公安机关。

13 怎样预防孩子被拐骗?

（1）让孩子记住家里、父母单位和110报警电话，以及家庭地址、父母的姓名和工作单位，万一遇到紧急情况可以想办法联系家人或报警。

（2）夜间尽量不要让孩子单独外出，外出时可以多找几个同伴。外出前要告诉父母自己去哪里，大约何时回来，与谁在一起，怎样和家里联系等情况。

（3）不要让孩子单独去游戏厅、电影院等环境比较复杂的公共场所。叮嘱孩子在外面不要显露出自己家里很富有，以防引起坏人注意。

（4）不要让孩子接受陌生人的请吃、请玩，不搭乘陌生人的顺路车，不要跟陌生人到离家较远的地方去。

（5）教育孩子不要和可疑人说话，要尽量远离他们。如果发现有陌生人跟踪，要往人多的地方走，可向警察求助或打电话让家人来接。如果遇到坏人企图拐骗，要敢于大声呼救，同时找机会逃跑。

14 怎样识别短信类诈骗？

（1）在收到“银行U盾、网上电子密码器过期，请登录某网站更新”之类短信时，应确认信息发送者是不是真正的官方客服。

（2）如果收到让登录“××电视台官方网站”（实为钓鱼网站）领取奖品的短信，而自己并未参加活动时，应警惕以交手续费、保证金为借口的诈骗。

（3）当亲友手机遗失时，骗子将有机会伪装为机主，假借机主名义以不同的名目发出借钱短信。

（4）对于点歌、猜谜、算命、游戏、窃听软件下载等类型的短信要谨慎参与，不要回复陌生来电或短信，以免落入陷阱。

（5）当收到以“法院”“公安局”名号发来的短信，应警惕以银行卡被冻结、质疑财产来源等名义要求用户回拨电话的诈骗圈套。

15 怎样识别电话类诈骗？

（1）当收到“法院传票”或公检法部门的电话时，应警惕假冒法官以帮你进行财产保全为名套取你的银行账号和密码。

（2）当接到冒充电信工作人员打来的电话，声称你的电话被他人盗用，然后让你打电话回去时，应提高警惕。

（3）当收到以在外亲人（或朋友）的朋友，以亲人出各种事故为借口诈骗钱财时，要另行打电话给远方亲戚（或朋友）求证一下。

（4）如遇到电话里要求汇款，最好当面确认或进一步求证，以免落入圈套。

（5）当收到“医保卡被锁”“卡被异地盗刷”等电话时，应警惕不法分子通过让你将存款转移到“安全账户”进行诈骗。

16 怎样识别网上诈骗？

（1）当登录QQ或打开邮箱时如果收到一些来历不明的中奖提示，不管内容有多么逼真诱人，千万不能相信。

（2）当收到邮件以中奖、对账等内容让用户在邮件中填入金融账号和密码时，应提高警惕。

（3）不法分子设立假冒银行网站，当用户输入错误网址后，就会被引入这个假冒网站。犯罪分子通过发送木马病毒邮件等方式，把病毒程序植入计算机内，用户的账号和密码等信息也可能泄露。

知识延伸 如何识别微信诈骗?

不法分子通过盗取微信号码并进行观察和筛选，乘主人不在线时登录，以微信主人的身份与其好友聊天并以各种“急需用钱”的理由骗取钱财。

在微信聊天时，切勿随意透露自己和家人的信息，防止被不法分子利用。如家人、朋友通过微信提出借钱之类的请求，需与本人通话核实。

17 发生交通事故时应怎样处理？

（1）立即抢救伤员和物资。停车后应首先检查有无伤亡人员，如有死亡人员，应寻找遮蔽物覆盖。如有受伤人员，应立即进行抢救。如果伤势较重，应拦截过往车辆，就近送医院抢救。

（2）保护原始事故现场。现场保护的内容有：肇事车停位，伤亡人员倒位，各种碰撞碾轧的痕迹，刹车拖痕，血迹以及其他散落物品。

（3）及时报案。应立即拨打全国统一电话 122，报告内容有：肇事地点、时间，报告人姓名、住址，肇事车辆及事故的死伤和损失情况等。

工会在身边 乘车时如何辨别扒手

1. 看神色

扒手与乘客的眼神是不同的。乘客的注意力一般主要放在乘车的班次或者行李上，要不就是途中的风景；扒手往往为了寻找行窃目标，两眼总是注视别人的行李、挎包、口袋以及周围人是否拥挤等；因为他们经常四处张望，精神比较紧张，往往有两眼发直、发呆、脸色时红时白等表现。

2. 观举止

扒手选择侵害目标时，往往在人群中窜动，选择目标后即紧紧尾随，趁人拥挤或者车体晃动的机会，用胳膊和手背试探“目标”的衣兜。对那些反复在人群中挤进挤出或是重复坐一条线路的人就要提高警惕。

3. 识物品

扒手手上一般都要拿着东西做掩护，因此其往往携带比较奇怪的物品，比如手上拿着空的塑料袋、冬天将外衣拿在手上、夏天拿着冬天的衣服、晴天拿着雨伞、手上拿着旧报纸等。看到这些比较违反常理的行为，一定要提高警惕，看护好自己的财物。特别要注意那些手上拿着一角、两角钱的人，其往往把钱折成三角形，把作案的刀片藏在其中。

4. 看动作

扒手在动手作案时，一般借车体运行晃动或乘客拥挤的机会，紧贴被窃对象的身体，或用自己的胳膊、包、衣服、书报等遮住被窃对象的视线，作案得手后，迅速离开失主，逃离现场。

第十章　心理自助

01 怎样调节不良情绪？

（1）适度宣泄。遇有不良情绪时，可以尽情地向至亲好友倾诉，或是通过体育运动、劳动等方式来尽情发泄。

（2）积极的自我暗示。积极的自我暗示会使人保持好的心情、乐观的情绪、自信心，从而调动人的内在因素，发挥主观能动性。

（3）情景转移。当情绪不佳时，要把注意力转移到自己感兴趣的事情上，如外出散步，看看电影、电视，读读书，打打球等，有助于平复情绪。

（4）自我安慰。当遇有不幸或挫折时，找出一种合乎内心需要的理由来说明或辩解。这有助于人们在遭遇大的挫折时接受现实。

02 怎样摆脱失眠的痛苦？

（1）对于短期内有睡眠障碍的人，往往在应急的事结束后，症状就会自然消失，逐渐恢复睡眠规律。长期患睡眠障碍，会导致神经系统紊乱、心慌、食欲不振等全身各系统疾病。

（2）接受睡眠卫生教育、刺激控制、肌肉放松，解除睡眠限制、矛盾性意念等，让心态放平和，慢慢地恢复正常作息。

（3）睡前放慢生活节奏，睡前两小时调暗灯光，让身体逐渐进入夜间休息模式。

（4）睡眠障碍困扰着很多人，可真正接受治疗的人却很少，这与人们对睡眠的理解不够有关。如果长时间无法入眠，最好还是去医院接受治疗，切不可盲目服药。

（5）对于失眠症，必要时可采取药物治疗和心理治疗，但最重要的还是改善不良的睡眠行为。

（6）如果 15 ~ 20 分钟睡不着，应该离开卧室，等有睡意时，再回到床上。同时，要放弃“每天都要睡够 8 小时”等错误认识。

03 抑郁症的常见症状有哪些？

（1）感到悲伤，情绪低落，高兴不起来。

（2）对多数活动或者性生活失去兴趣或者愉快感。

（3）体重减轻或者增加，食欲减退或旺盛。

（4）睡眠不好，入睡困难、早醒或者睡眠过多。

（5）坐立不安、急躁或易怒。

（6）易疲劳或不想动。

（7）过分自责、内疚，无价值感或无助感。

（8）注意力不集中、记忆力下降、反应慢，做事犹豫不决。

（9）反复出现死亡或自杀的想法，经常有疼痛感，但检查未见异常。

04 怎样排解工作中的压力？

（1）学会时间管理。在相同的时间段内，有序者能够完成无序者两倍或三倍的任务，有助于应对工作带来的压力。

（2）加强体育锻炼。增氧健身法、散步、慢跑、游泳、骑自行车等，有助于使人从工作压力中解脱出来。

（3）学习并运用放松技巧。自我调节、催眠、生物反馈等方法都有助于减轻紧张感，使人感到平和。

（4）限制饮食。良好的饮食习惯不仅有利于身体健康，而且能提高个人应对压力的能力。

（5）扩大社会支持网络。与朋友、家人、同事聊天可以排遣压力，适当的人际交往能够减轻工作压力。

知识延伸 人为什么会焦虑？

焦虑是一种常见的情绪状态，是人体的保护性反应，往往是心理、社会、遗传和生物学因素共同作用的结果。常见的影响因素有遗传因素、性格特征、生物学因素、认知过程以及压力。

05 怎样排解生活中的压力？

（1）一个空间。给自己的思想和身体留出一定的缓冲地带，不管多忙。比如在晚上入睡之前，安静地回顾自己一天的生活。

（2）一张滤网。分清轻重缓急地去处理问题。需要急办的马上着手；需要别人协助办理的，妥善安排；能缓办的，给自己制订一个日程计划。一件件地处理，所承受的压力就会得到分解。

（3）一所小屋。它藏在内心的深处，可以是QQ空间、博客或者是加密的日记簿。可以把所有的烦恼和伤心、成就和喜悦记载下来。在记录点点滴滴的同时，压力就会得到释放。

06 怎样利用情景转移法调节情绪？

情景转移又叫注意力转移，就是把注意力从引起不良情绪反应的刺激情景转移到其他事物上去的自我调节方法。

当情绪不佳时，要把注意力转移到自己感兴趣的事情上，如外出散步，看看电影、电视，读读书，打打球，下盘棋，找朋友聊天，换换环境等，有助于使情绪平静下来，在感兴趣的活动中寻找到新的快乐。

知识延伸 什么是皮格马利翁效应?

皮格马利翁是古希腊神话中塞浦路斯国王。这个国王性情孤僻，常年一人独居。他善于雕刻，孤寂中用象牙雕刻了一座表现了他理想中女性的美女像。久而久之，他竟对自己的作品产生了爱慕之情。他祈求爱神阿佛罗狄忒赋予雕像以生命。阿佛罗狄忒为他的真诚所感动，就使这座美女雕像活了起来。皮格马利翁遂称她为伽拉忒亚，并娶她为妻。后人就把由期望而产生实际效果的现象叫作皮格马利翁效应。

开发区总工会多种方式开展农民工心理健康服务

全方位服务好农民工、维护农民工的权益是工会的根本职责。近几年，开发区总工会从权益、心理、生活、文化等方面，全方位为农民工办实事、做好事、解难事。

在关心关爱农民工的身心健康方面，开发区总工会定期深入企业、公寓、工地开展心理健康讲座，让农民工了解心理健康知识。同时，引导和支持企业建立心理健康分中心。

截至目前，三星电子、顶益食品、美克家私等一批企业建立了心理健康中心。顶益公司每天开展“早安沙龙”活动，由专职心理咨询师组织一个班组——10余名职工开展心理小沙龙活动，内容包括减压指导、心理游戏、话题互动等，并贴心安排了营养早餐和幸运抽奖，让职工在清晨的活动之后，开启快乐的一天。该活动每周开展四次，基本每半年就可以实现全厂职工全覆盖参与一次，形成一套常态化心理服务模式。

07 怎样改变不良认知？

（1）观察研究自己日常行为中的不良认知方式，自我观察、自省。

（2）将所观察到的不良认知思维方式写在一张纸上。

（3）认真研究自己收集的不良思维认知方式，并试图从另一个角度看待这个问题。

（4）将自己试图改变的认知方式重新应用于实践。带着全新的心态看问题，不断提醒自己，不断演练。

08 怎样正确认识自己?

（1）要从外在、内在和长处、短处认识自己，要看到自己的优点和长处，也要看到自己的缺点和不足。

（2）要用发展的眼光认识自己。每个人都在成长变化中，只要努力学习，在工作中踏实、刻苦，就一定能通过自己的努力，不断完善自己。

（3）认识自己的途径。一是通过自我观察认识自己。经常反省自己在日常生活中的点滴表现，总结自己的优点和缺点。二是通过他人了解自己。周围的人对我们的态度和评价能帮助我们认识自己、了解自己。

09 怎样运用好倾听的六种技巧？

（1）积极投入。与对方保持目光的接触，用心去理解，并根据对方传递的信息作出回应。

（2）厘清信息。要快速厘清对方所表达的事实、看法、情绪和行动等各种信息，提取主要观点，了解对方意图。

（3）多加理解。通过对方的语音、语调或语速变化等一些非语言信息来理解对方想要表达的意思。

（4）关注身体语言。关注对方表述时即时的身体语言，抓住沟通中的非语言信息。

（5）加强记忆。重复听到的信息，认清对方说话的模式，必要时记笔记。

（6）避免打断说话者。在别人说话时尽量耐心听，等别人说完了自己再说。

知识延伸　网上交流需要遵循哪些礼节？

网络交流也应遵循现实生活中的道德标准，注意文明用语，入乡随俗，尊重别人的时间，与人争论时应以理服人，尊重他人隐私。

10 在沟通过程中，怎样与对方保持适当的空间距离？

人际关系一般分为亲密的、个人的、社会的和公众的四种，在与他人沟通过程中应注意保持相应的空间距离，以免传递出一些错误信息。

（1）父母与子女之间的距离是亲密距离，约5厘米，可以感觉到对方的体温、气味和呼吸。

（2）个人距离指朋友之间的距离，大约是6~10厘米。

（3）社会距离是指认识的人之间的距离，多数社会交往发生在11~31厘米的距离范围。

（4）公众距离指陌生人之间、上下级之间的距离，一般是31~38厘米。

11 怎样维护良好的夫妻关系?

（1）心理交换。夫妻关系不能是单向的、有来无往的，而应以心换心，多想想："我希望在家中感到温暖、愉快，那么怎样也使他（她）温暖、愉快？"

（2）角色平衡。应该承认夫妻间是有差异的，当双方在业余爱好或消费观念上有所不同时，应保持理智，以真诚地理解、互相接近来实现"角色平衡"。

（3）讲点"废话"。在婚后，夫妻间的"废话"是传达感情、信任、尊重的信息波。

（4）多点安慰。当一方遇到烦恼时，另一方应及时抚慰对方。一份忧愁若两人分担，忧愁只有一半。

（5）暂时沉默。双方与其大声争吵，不如暂时沉默，而且在沉默之中，夫妻双方都可能冷静下来，反省自己。

知识延伸 **夫妻关系对子女有什么影响?**

家庭是孩子健康成长的摇篮，在良好的家庭关系中，其子女一定是幸福、快乐和健康的；在不和睦的家庭关系中，其子女一定是烦恼、痛苦和压抑的。

12 怎样维护良好的亲子关系？

（1）每天要有个良好的开端。给孩子一个拥抱、一个吻，或者对孩子说几句鼓励的话，一个良好的开端将给孩子极大的信心去面对这一天。

（2）多听听孩子的心声。经常和孩子交流，回答孩子提出的种种问题，不要把工作带到家里。

（3）给孩子讲讲自己的工作。给孩子讲自己的工作，会在工作职责、规章制度、日程安排等方面对他有所启迪。

13 常见的家长类型有哪几种?

（1）纵容型。纵容型父母对孩子高度接纳和肯定，孩子常会形成以自我为中心的思想，责任心和独立性较差。

（2）专制型。专制型父母对孩子严厉、粗暴，缺少温情，孩子一般不善于交往。

（3）权威型。权威型父母肯定孩子，对孩子有明确的要求和理性的控制，孩子往往更独立与自信。

（4）忽视型。忽视型父母对孩子缺少关注与爱，孩子的情感需求得不到满足，社会交往能力差，容易演化成反叛型人格。

14 怎样与他人快乐交往?

（1）主动与他人交往，坦诚相待，主动理解、关心、接纳别人。

（2）掌握分寸。在与别人的交往中，要注意自己扮演的角色，根据自己的角色做出表现。

（3）学会倾听。只有在倾听的基础和前提下进行表达，才能更完整地理解对方的意思，从而让我们和他人更好地交流。

（4）借钱务必要还。朋友之间，也要做到有借有还，而且还要尽快还，以免影响双方友谊。

（5）要讲信用。答应朋友帮做的事，应尽力去做到。遇到特殊情况，实在做不到了，也应当面解释清楚，争取朋友的理解。

工会在身边 天津市总工会为农民工提供“六送”服务

2015年以来，天津市总工会持续开展为在津工作的农民工提供“六送”系列服务活动，即送“送医、送药、送健康、送法律、送文化、送服务”。这是市总工会倾心为农民工服务的重要载体，将“农民工服务月”变成“农民工服务年”，使为农民工服务常态化、制度化。

标准化篮球场、心理疏导减压站、职工书屋……2015年以来，一个个工会工作站挂牌成立。同时，“农民工专场招聘会”“春风行动”等系列就业专项活动，为农民工送岗位、送技能。实施农民工培训计划，通过建立农民工夜校，举办“流动课堂”等，设置安全防护、手工编织、心理疏导等20余门课程，市总工会已牵头连续举办5届建筑业职业技能大赛。

市困难职工帮扶中心为农民工设立提供劳动争议咨询、调解、援助等服务的“绿色通道”，并与相关部门联合开展农民工工资支付情况专项检查。市总工会还组织专业人员定期深入企业、公寓、工地开展心理健康讲座，定期为农民工检查身体。同时，在本市已建成300多个“爱心驿站”，为户外劳动者送上贴心服务。市总工会还想方设法丰富职工的精神生活，在农民工公寓设立“文化广场”，包括阅览室、培训室、多功能活动厅、健身室、棋牌室、阅报栏等“五室一栏”。

附录 中华人民共和国劳动合同法

（2007年6月29日第十届全国人民代表大会常务委员会第二十八次会议通过 根据2012年12月28日《全国人民代表大会常务委员会关于修改〈中华人民共和国劳动合同法〉的决定》修正）

第一章 总 则

第一条 为了完善劳动合同制度，明确劳动合同双方当事人的权利和义务，保护劳动者的合法权益，构建和发展和谐稳定的劳动关系，制定本法。

第二条 中华人民共和国境内的企业、个体经济组织、民办非企业单位等组织（以下称用人单位）与劳动者建立劳动关系，订立、履行、变更、解除或者终止劳动合同，适用本法。

国家机关、事业单位、社会团体和与其建立劳动关系的劳动者，订立、履行、变更、解除或者终止劳动合同，依照本法执行。

第三条 订立劳动合同，应当遵循合法、公平、平等自愿、协商一致、诚实信用的原则。

依法订立的劳动合同具有约束力，用人单位

与劳动者应当履行劳动合同约定的义务。

第四条　用人单位应当依法建立和完善劳动规章制度，保障劳动者享有劳动权利、履行劳动义务。

用人单位在制定、修改或者决定有关劳动报酬、工作时间、休息休假、劳动安全卫生、保险福利、职工培训、劳动纪律以及劳动定额管理等直接涉及劳动者切身利益的规章制度或者重大事项时，应当经职工代表大会或者全体职工讨论，提出方案和意见，与工会或者职工代表平等协商确定。

在规章制度和重大事项决定实施过程中，工会或者职工认为不适当的，有权向用人单位提出，通过协商予以修改完善。

用人单位应当将直接涉及劳动者切身利益的规章制度和重大事项决定公示，或者告知劳动者。

第五条　县级以上人民政府劳动行政部门会同工会和企业方面代表，建立健全协调劳动关系三方机制，共同研究解决有关劳动关系的重大问题。

第六条　工会应当帮助、指导劳动者与用人单位依法订立和履行劳动合同，并与用人单位建立集体协商机制，维护劳动者的合法权益。

第二章　劳动合同的订立

第七条　用人单位自用工之日起即与劳动者建立劳动关系。用人单位应当建立职工名册备查。

第八条　用人单位招用劳动者时，应当如实告知劳动者工作内容、工作条件、工作地点、职业危害、安全生产状况、劳动报酬，以及劳动者要求了解的其他情况；用人单位有权了解劳动者与劳动合同直接相关的基本情况，劳动者应当如实说明。

第九条　用人单位招用劳动者，不得扣押劳动者的居民身份证和其他证件，不得要求劳动者提供担保或者以其他名义向劳动者收取财物。

第十条　建立劳动关系，应当订立书面劳动合同。

已建立劳动关系，未同时订立书面劳动合同的，应当自用工之日起一个月内订立书面劳动合同。

用人单位与劳动者在用工前订立劳动合同的，劳动关系自用工之日起建立。

第十一条　用人单位未在用工的同时订立书面劳动合同，与劳动者约定的劳动报酬不明确的，新招用的劳动者的劳动报酬按照集体合同规定的标准执行；没有集体合同或者集体合同未规定的，实行同工同酬。

第十二条　劳动合同分为固定期限劳动合同、无固定期限劳动合同和以完成一定工作任务为期限的劳动合同。

第十三条　固定期限劳动合同，是指用人单位与劳动者约定合同终止时间的劳动合同。

用人单位与劳动者协商一致，可以订立固定期限劳动合同。

第十四条　无固定期限劳动合同，是指用人单位与劳动者约定无确定终止时间的劳动合同。

用人单位与劳动者协商一致，可以订立无固

定期限劳动合同。有下列情形之一，劳动者提出或者同意续订、订立劳动合同的，除劳动者提出订立固定期限劳动合同外，应当订立无固定期限劳动合同：

（一）劳动者在该用人单位连续工作满十年的；

（二）用人单位初次实行劳动合同制度或者国有企业改制重新订立劳动合同时，劳动者在该用人单位连续工作满十年且距法定退休年龄不足十年的；

（三）连续订立二次固定期限劳动合同，且劳动者没有本法第三十九条和第四十条第一项、第二项规定的情形，续订劳动合同的。

用人单位自用工之日起满一年不与劳动者订立书面劳动合同的，视为用人单位与劳动者已订立无固定期限劳动合同。

第十五条　以完成一定工作任务为期限的劳动合同，是指用人单位与劳动者约定以某项工作的完成为合同期限的劳动合同。

用人单位与劳动者协商一致，可以订立以完成一定工作任务为期限的劳动合同。

第十六条　劳动合同由用人单位与劳动者协商一致，并经用人单位与劳动者在劳动合同文本上签字或者盖章生效。

劳动合同文本由用人单位和劳动者各执一份。

第十七条　劳动合同应当具备以下条款：

（一）用人单位的名称、住所和法定代表人或者主要负责人；

（二）劳动者的姓名、住址和居民身份证或者其他有效身份证件号码；

（三）劳动合同期限；

（四）工作内容和工作地点；

（五）工作时间和休息休假；

（六）劳动报酬；

（七）社会保险；

（八）劳动保护、劳动条件和职业危害防护；

（九）法律、法规规定应当纳入劳动合同的其他事项。

劳动合同除前款规定的必备条款外，用人单位与劳动者可以约定试用期、培训、保守秘密、补充保险和福利待遇等其他事项。

第十八条　劳动合同对劳动报酬和劳动条件等标准约定不明确，引发争议的，用人单位与劳动者可以重新协商；协商不成的，适用集体合同规定；没有集体合同或者集体合同未规定劳动报酬的，实行同工同酬；没有集体合同或者集体合同未规定劳动条件等标准的，适用国家有关规定。

第十九条　劳动合同期限三个月以上不满一年的，试用期不得超过一个月；劳动合同期限一年以上不满三年的，试用期不得超过二个月；三年以上固定期限和无固定期限的劳动合同，试用期不得超过六个月。

同一用人单位与同一劳动者只能约定一次试用期。

以完成一定工作任务为期限的劳动合同或者劳动合同期限不满三个月的，不得约定试用期。

试用期包含在劳动合同期限内。劳动合同仅

约定试用期的，试用期不成立，该期限为劳动合同期限。

第二十条　劳动者在试用期的工资不得低于本单位相同岗位最低档工资或者劳动合同约定工资的百分之八十，并不得低于用人单位所在地的最低工资标准。

第二十一条　在试用期中，除劳动者有本法第三十九条和第四十条第一项、第二项规定的情形外，用人单位不得解除劳动合同。用人单位在试用期解除劳动合同的，应当向劳动者说明理由。

第二十二条　用人单位为劳动者提供专项培训费用，对其进行专业技术培训的，可以与该劳动者订立协议，约定服务期。

劳动者违反服务期约定的，应当按照约定向用人单位支付违约金。违约金的数额不得超过用人单位提供的培训费用。用人单位要求劳动者支付的违约金不得超过服务期尚未履行部分所应分摊的培训费用。

用人单位与劳动者约定服务期的，不影响按照正常的工资调整机制提高劳动者在服务期期间的劳动报酬。

第二十三条　用人单位与劳动者可以在劳动合同中约定保守用人单位的商业秘密和与知识产权相关的保密事项。

对负有保密义务的劳动者，用人单位可以在劳动合同或者保密协议中与劳动者约定竞业限制条款，并约定在解除或者终止劳动合同后，在竞业限制期限内按月给予劳动者经济补偿。劳动者违反竞业限制约定的，应当按照约定向用人单位支付违约金。

第二十四条　竞业限制的人员限于用人单位的高级管理人员、高级技术人员和其他负有保密义务的人员。竞业限制的范围、地域、期限由用人单位与劳动者约定，竞业限制的约定不得违反法律、法规的规定。

在解除或者终止劳动合同后，前款规定的人员到与本单位生产或者经营同类产品、从事同类业务的有竞争关系的其他用人单位，或者自己开业生产或者经营同类产品、从事同类业务的竞业限制期限，不得超过二年。

第二十五条　除本法第二十二条和第二十三条规定的情形外，用人单位不得与劳动者约定由劳动者承担违约金。

第二十六条　下列劳动合同无效或者部分无效：

（一）以欺诈、胁迫的手段或者乘人之危，使对方在违背真实意思的情况下订立或者变更劳动合同的；

（二）用人单位免除自己的法定责任、排除劳动者权利的；

（三）违反法律、行政法规强制性规定的。

对劳动合同的无效或者部分无效有争议的，由劳动争议仲裁机构或者人民法院确认。

第二十七条　劳动合同部分无效，不影响其他部分效力的，其他部分仍然有效。

第二十八条　劳动合同被确认无效，劳动者已付出劳动的，用人单位应当向劳动者支付劳动报酬。劳动报酬的数额，参照本单位相同或者相近岗位劳动者的劳动报酬确定。

第三章　劳动合同的履行和变更

第二十九条　用人单位与劳动者应当按照劳动合同的约定，全面履行各自的义务。

第三十条　用人单位应当按照劳动合同约定和国家规定，向劳动者及时足额支付劳动报酬。

用人单位拖欠或者未足额支付劳动报酬的，劳动者可以依法向当地人民法院申请支付令，人民法院应当依法发出支付令。

第三十一条　用人单位应当严格执行劳动定额标准，不得强迫或者变相强迫劳动者加班。用人单位安排加班的，应当按照国家有关规定向劳动者支付加班费。

第三十二条　劳动者拒绝用人单位管理人员违章指挥、强令冒险作业的，不视为违反劳动合同。

劳动者对危害生命安全和身体健康的劳动条件，有权对用人单位提出批评、检举和控告。

第三十三条　用人单位变更名称、法定代表人、主要负责人或者投资人等事项，不影响劳动合同的履行。

第三十四条　用人单位发生合并或者分立等情况，原劳动合同继续有效，劳动合同由承继其权利和义务的用人单位继续履行。

第三十五条　用人单位与劳动者协商一致，可以变更劳动合同约定的内容。变更劳动合同，应当采用书面形式。

变更后的劳动合同文本由用人单位和劳动者

各执一份。

第四章　劳动合同的解除和终止

第三十六条　用人单位与劳动者协商一致，可以解除劳动合同。

第三十七条　劳动者提前三十日以书面形式通知用人单位，可以解除劳动合同。劳动者在试用期内提前三日通知用人单位，可以解除劳动合同。

第三十八条　用人单位有下列情形之一的，劳动者可以解除劳动合同：

（一）未按照劳动合同约定提供劳动保护或者劳动条件的；

（二）未及时足额支付劳动报酬的；

（三）未依法为劳动者缴纳社会保险费的；

（四）用人单位的规章制度违反法律、法规的规定，损害劳动者权益的；

（五）因本法第二十六条第一款规定的情形致使劳动合同无效的；

（六）法律、行政法规规定劳动者可以解除劳动合同的其他情形。

用人单位以暴力、威胁或者非法限制人身自由的手段强迫劳动者劳动的，或者用人单位违章指挥、强令冒险作业危及劳动者人身安全的，劳动者可以立即解除劳动合同，不需事先告知用人单位。

第三十九条　劳动者有下列情形之一的，用人单位可以解除劳动合同：

（一）在试用期间被证明不符合录用条件的；

（二）严重违反用人单位的规章制度的；

（三）严重失职，营私舞弊，给用人单位造成重大损害的；

（四）劳动者同时与其他用人单位建立劳动关系，对完成本单位的工作任务造成严重影响，或者经用人单位提出，拒不改正的；

（五）因本法第二十六条第一款第一项规定的情形致使劳动合同无效的；

（六）被依法追究刑事责任的。

第四十条　有下列情形之一的，用人单位提前三十日以书面形式通知劳动者本人或者额外支付劳动者一个月工资后，可以解除劳动合同：

（一）劳动者患病或者非因工负伤，在规定的医疗期满后不能从事原工作，也不能从事由用人单位另行安排的工作的；

（二）劳动者不能胜任工作，经过培训或者调整工作岗位，仍不能胜任工作的；

（三）劳动合同订立时所依据的客观情况发生重大变化，致使劳动合同无法履行，经用人单位与劳动者协商，未能就变更劳动合同内容达成协议的。

第四十一条　有下列情形之一，需要裁减人员二十人以上或者裁减不足二十人但占企业职工总数百分之十以上的，用人单位提前三十日向工会或者全体职工说明情况，听取工会或者职工的意见后，裁减人员方案经向劳动行政部门报告，可以裁减人员：

（一）依照企业破产法规定进行重整的；

（二）生产经营发生严重困难的；

（三）企业转产、重大技术革新或者经营方式调整，经变更劳动合同后，仍需裁减人员的；

（四）其他因劳动合同订立时所依据的客观经济情况发生重大变化，致使劳动合同无法履行的。

裁减人员时，应当优先留用下列人员：

（一）与本单位订立较长期限的固定期限劳动合同的；

（二）与本单位订立无固定期限劳动合同的；

（三）家庭无其他就业人员，有需要扶养的老人或者未成年人的。

用人单位依照本条第一款规定裁减人员，在六个月内重新招用人员的，应当通知被裁减的人员，并在同等条件下优先招用被裁减的人员。

第四十二条　劳动者有下列情形之一的，用人单位不得依照本法第四十条、第四十一条的规定解除劳动合同：

（一）从事接触职业病危害作业的劳动者未进行离岗前职业健康检查，或者疑似职业病病人在诊断或者医学观察期间的；

（二）在本单位患职业病或者因工负伤并被确认丧失或者部分丧失劳动能力的；

（三）患病或者非因工负伤，在规定的医疗期内的；

（四）女职工在孕期、产期、哺乳期的；

（五）在本单位连续工作满十五年，且距法定退休年龄不足五年的；

（六）法律、行政法规规定的其他情形。

第四十三条　用人单位单方解除劳动合同，

应当事先将理由通知工会。用人单位违反法律、行政法规规定或者劳动合同约定的，工会有权要求用人单位纠正。用人单位应当研究工会的意见，并将处理结果书面通知工会。

第四十四条　有下列情形之一的，劳动合同终止：

（一）劳动合同期满的；

（二）劳动者开始依法享受基本养老保险待遇的；

（三）劳动者死亡，或者被人民法院宣告死亡或者宣告失踪的；

（四）用人单位被依法宣告破产的；

（五）用人单位被吊销营业执照、责令关闭、撤销或者用人单位决定提前解散的；

（六）法律、行政法规规定的其他情形。

第四十五条　劳动合同期满，有本法第四十二条规定情形之一的，劳动合同应当续延至相应的情形消失时终止。但是，本法第四十二条第二项规定丧失或者部分丧失劳动能力劳动者的劳动合同的终止，按照国家有关工伤保险的规定执行。

第四十六条　有下列情形之一的，用人单位应当向劳动者支付经济补偿：

（一）劳动者依照本法第三十八条规定解除劳动合同的；

（二）用人单位依照本法第三十六条规定向劳动者提出解除劳动合同并与劳动者协商一致解除劳动合同的；

（三）用人单位依照本法第四十条规定解除劳

动合同的；

（四）用人单位依照本法第四十一条第一款规定解除劳动合同的；

（五）除用人单位维持或者提高劳动合同约定条件续订劳动合同，劳动者不同意续订的情形外，依照本法第四十四条第一项规定终止固定期限劳动合同的；

（六）依照本法第四十四条第四项、第五项规定终止劳动合同的；

（七）法律、行政法规规定的其他情形。

第四十七条　经济补偿按劳动者在本单位工作的年限，每满一年支付一个月工资的标准向劳动者支付。六个月以上不满一年的，按一年计算；不满六个月的，向劳动者支付半个月工资的经济补偿。

劳动者月工资高于用人单位所在直辖市、设区的市级人民政府公布的本地区上年度职工月平均工资三倍的，向其支付经济补偿的标准按职工月平均工资三倍的数额支付，向其支付经济补偿的年限最高不超过十二年。

本条所称月工资是指劳动者在劳动合同解除或者终止前十二个月的平均工资。

第四十八条　用人单位违反本法规定解除或者终止劳动合同，劳动者要求继续履行劳动合同的，用人单位应当继续履行；劳动者不要求继续履行劳动合同或者劳动合同已经不能继续履行的，用人单位应当依照本法第八十七条规定支付赔偿金。

第四十九条　国家采取措施，建立健全劳动

者社会保险关系跨地区转移接续制度。

第五十条　用人单位应当在解除或者终止劳动合同时出具解除或者终止劳动合同的证明，并在十五日内为劳动者办理档案和社会保险关系转移手续。

劳动者应当按照双方约定，办理工作交接。用人单位依照本法有关规定应当向劳动者支付经济补偿的，在办结工作交接时支付。

用人单位对已经解除或者终止的劳动合同的文本，至少保存二年备查。

第五章　特别规定

第一节　集体合同

第五十一条　企业职工一方与用人单位通过平等协商，可以就劳动报酬、工作时间、休息休假、劳动安全卫生、保险福利等事项订立集体合同。集体合同草案应当提交职工代表大会或者全体职工讨论通过。

集体合同由工会代表企业职工一方与用人单位订立；尚未建立工会的用人单位，由上级工会指导劳动者推举的代表与用人单位订立。

第五十二条　企业职工一方与用人单位可以订立劳动安全卫生、女职工权益保护、工资调整机制等专项集体合同。

第五十三条　在县级以下区域内，建筑业、采矿业、餐饮服务业等行业可以由工会与企业方面代表订立行业性集体合同，或者订立区域性集体合同。

第五十四条　集体合同订立后，应当报送劳

动行政部门；劳动行政部门自收到集体合同文本之日起十五日内未提出异议的，集体合同即行生效。

依法订立的集体合同对用人单位和劳动者具有约束力。行业性、区域性集体合同对当地本行业、本区域的用人单位和劳动者具有约束力。

第五十五条　集体合同中劳动报酬和劳动条件等标准不得低于当地人民政府规定的最低标准；用人单位与劳动者订立的劳动合同中劳动报酬和劳动条件等标准不得低于集体合同规定的标准。

第五十六条　用人单位违反集体合同，侵犯职工劳动权益的，工会可以依法要求用人单位承担责任；因履行集体合同发生争议，经协商解决不成的，工会可以依法申请仲裁、提起诉讼。

第二节　劳务派遣

第五十七条　经营劳务派遣业务应当具备下列条件：

（一）注册资本不得少于人民币二百万元；

（二）有与开展业务相适应的固定的经营场所和设施；

（三）有符合法律、行政法规规定的劳务派遣管理制度；

（四）法律、行政法规规定的其他条件。

经营劳务派遣业务，应当向劳动行政部门依法申请行政许可；经许可的，依法办理相应的公司登记。未经许可，任何单位和个人不得经营劳务派遣业务。

第五十八条　劳务派遣单位是本法所称用人单位，应当履行用人单位对劳动者的义务。劳务派遣单位与被派遣劳动者订立的劳动合同，除应当载明本法第十七条规定的事项外，还应当载明被派遣劳动者的用工单位以及派遣期限、工作岗位等情况。

劳务派遣单位应当与被派遣劳动者订立二年以上的固定期限劳动合同，按月支付劳动报酬；被派遣劳动者在无工作期间，劳务派遣单位应当按照所在地人民政府规定的最低工资标准，向其按月支付报酬。

第五十九条　劳务派遣单位派遣劳动者应当与接受以劳务派遣形式用工的单位（以下称用工单位）订立劳务派遣协议。劳务派遣协议应当约定派遣岗位和人员数量、派遣期限、劳动报酬和社会保险费的数额与支付方式以及违反协议的责任。

用工单位应当根据工作岗位的实际需要与劳务派遣单位确定派遣期限，不得将连续用工期限分割订立数个短期劳务派遣协议。

第六十条　劳务派遣单位应当将劳务派遣协议的内容告知被派遣劳动者。

劳务派遣单位不得克扣用工单位按照劳务派遣协议支付给被派遣劳动者的劳动报酬。

劳务派遣单位和用工单位不得向被派遣劳动者收取费用。

第六十一条　劳务派遣单位跨地区派遣劳动者的，被派遣劳动者享有的劳动报酬和劳动条件，按照用工单位所在地的标准执行。

第六十二条　用工单位应当履行下列义务：

（一）执行国家劳动标准，提供相应的劳动条件和劳动保护；

（二）告知被派遣劳动者的工作要求和劳动

报酬；

（三）支付加班费、绩效奖金，提供与工作岗位相关的福利待遇；

（四）对在岗被派遣劳动者进行工作岗位所必需的培训；

（五）连续用工的，实行正常的工资调整机制。

用工单位不得将被派遣劳动者再派遣到其他用人单位。

第六十三条　被派遣劳动者享有与用工单位的劳动者同工同酬的权利。用工单位应当按照同工同酬原则，对被派遣劳动者与本单位同类岗位的劳动者实行相同的劳动报酬分配办法。用工单位无同类岗位劳动者的，参照用工单位所在地相同或者相近岗位劳动者的劳动报酬确定。

劳务派遣单位与被派遣劳动者订立的劳动合同和与用工单位订立的劳务派遣协议，载明或者约定的向被派遣劳动者支付的劳动报酬应当符合前款规定。

第六十四条　被派遣劳动者有权在劳务派遣单位或者用工单位依法参加或者组织工会，维护自身的合法权益。

第六十五条　被派遣劳动者可以依照本法第三十六条、第三十八条的规定与劳务派遣单位解除劳动合同。

被派遣劳动者有本法第三十九条和第四十条第一项、第二项规定情形的，用工单位可以将劳动者退回劳务派遣单位，劳务派遣单位依照本法有关规定，可以与劳动者解除劳动合同。

第六十六条　劳动合同用工是我国的企业基

本用工形式。劳务派遣用工是补充形式，只能在临时性、辅助性或者替代性的工作岗位上实施。

前款规定的临时性工作岗位是指存续时间不超过六个月的岗位；辅助性工作岗位是指为主营业务岗位提供服务的非主营业务岗位；替代性工作岗位是指用工单位的劳动者因脱产学习、休假等原因无法工作的一定期间内，可以由其他劳动者替代工作的岗位。

用工单位应当严格控制劳务派遣用工数量，不得超过其用工总量的一定比例，具体比例由国务院劳动行政部门规定。

第六十七条　用人单位不得设立劳务派遣单位向本单位或者所属单位派遣劳动者。

第三节　非全日制用工

第六十八条　非全日制用工，是指以小时计酬为主，劳动者在同一用人单位一般平均每日工作时间不超过四小时，每周工作时间累计不超过二十四小时的用工形式。

第六十九条　非全日制用工双方当事人可以订立口头协议。

从事非全日制用工的劳动者可以与一个或者一个以上用人单位订立劳动合同；但是，后订立的劳动合同不得影响先订立的劳动合同的履行。

第七十条　非全日制用工双方当事人不得约定试用期。

第七十一条　非全日制用工双方当事人任何一方都可以随时通知对方终止用工。终止用工，用人单位不向劳动者支付经济补偿。

第七十二条　非全日制用工小时计酬标准不

得低于用人单位所在地人民政府规定的最低小时工资标准。

非全日制用工劳动报酬结算支付周期最长不得超过十五日。

第六章　监督检查

第七十三条　国务院劳动行政部门负责全国劳动合同制度实施的监督管理。

县级以上地方人民政府劳动行政部门负责本行政区域内劳动合同制度实施的监督管理。

县级以上各级人民政府劳动行政部门在劳动合同制度实施的监督管理工作中，应当听取工会、企业方面代表以及有关行业主管部门的意见。

第七十四条　县级以上地方人民政府劳动行政部门依法对下列实施劳动合同制度的情况进行监督检查：

（一）用人单位制定直接涉及劳动者切身利益的规章制度及其执行的情况；

（二）用人单位与劳动者订立和解除劳动合同的情况；

（三）劳务派遣单位和用工单位遵守劳务派遣有关规定的情况；

（四）用人单位遵守国家关于劳动者工作时间和休息休假规定的情况；

（五）用人单位支付劳动合同约定的劳动报酬和执行最低工资标准的情况；

（六）用人单位参加各项社会保险和缴纳社会保险费的情况；

（七）法律、法规规定的其他劳动监察事项。

第七十五条　县级以上地方人民政府劳动行政部门实施监督检查时，有权查阅与劳动合同、集体合同有关的材料，有权对劳动场所进行实地检查，用人单位和劳动者都应当如实提供有关情况和材料。

劳动行政部门的工作人员进行监督检查，应当出示证件，依法行使职权，文明执法。

第七十六条　县级以上人民政府建设、卫生、安全生产监督管理等有关主管部门在各自职责范围内，对用人单位执行劳动合同制度的情况进行监督管理。

第七十七条　劳动者合法权益受到侵害的，有权要求有关部门依法处理，或者依法申请仲裁、提起诉讼。

第七十八条　工会依法维护劳动者的合法权益，对用人单位履行劳动合同、集体合同的情况进行监督。用人单位违反劳动法律、法规和劳动合同、集体合同的，工会有权提出意见或者要求纠正；劳动者申请仲裁、提起诉讼的，工会依法给予支持和帮助。

第七十九条　任何组织或者个人对违反本法的行为都有权举报，县级以上人民政府劳动行政部门应当及时核实、处理，并对举报有功人员给予奖励。

第七章　法律责任

第八十条　用人单位直接涉及劳动者切身利益的规章制度违反法律、法规规定的，由劳动行政部门责令改正，给予警告；给劳动者造成损害的，应当承担赔偿责任。

第八十一条　用人单位提供的劳动合同文本未载明本法规定的劳动合同必备条款或者用人单位未将劳动合同文本交付劳动者的，由劳动行政部门责令改正；给劳动者造成损害的，应当承担赔偿责任。

第八十二条　用人单位自用工之日起超过一个月不满一年未与劳动者订立书面劳动合同的，应当向劳动者每月支付二倍的工资。

用人单位违反本法规定不与劳动者订立无固定期限劳动合同的，自应当订立无固定期限劳动合同之日起向劳动者每月支付二倍的工资。

第八十三条　用人单位违反本法规定与劳动者约定试用期的，由劳动行政部门责令改正；违法约定的试用期已经履行的，由用人单位以劳动者试用期满月工资为标准，按已经履行的超过法定试用期的期间向劳动者支付赔偿金。

第八十四条　用人单位违反本法规定，扣押劳动者居民身份证等证件的，由劳动行政部门责令限期退还劳动者本人，并依照有关法律规定给予处罚。

用人单位违反本法规定，以担保或者其他名义向劳动者收取财物的，由劳动行政部门责令限期退还劳动者本人，并以每人五百元以上二千元以下的标准处以罚款；给劳动者造成损害的，应当承担赔偿责任。

劳动者依法解除或者终止劳动合同，用人单位扣押劳动者档案或者其他物品的，依照前款规定处罚。

第八十五条　用人单位有下列情形之一的，由劳动行政部门责令限期支付劳动报酬、加班费或者经济补偿；劳动报酬低于当地最低工资标准的，应当支付其差额部分；逾期不支付的，责令用人单位按应付金额百分之五十以上百分之一百以下的标准向劳动者加付赔偿金：

（一）未按照劳动合同的约定或者国家规定及时足额支付劳动者劳动报酬的；

（二）低于当地最低工资标准支付劳动者工资的；

（三）安排加班不支付加班费的；

（四）解除或者终止劳动合同，未依照本法规定向劳动者支付经济补偿的。

第八十六条　劳动合同依照本法第二十六条规定被确认无效，给对方造成损害的，有过错的一方应当承担赔偿责任。

第八十七条　用人单位违反本法规定解除或者终止劳动合同的，应当依照本法第四十七条规定的经济补偿标准的二倍向劳动者支付赔偿金。

第八十八条　用人单位有下列情形之一的，依法给予行政处罚；构成犯罪的，依法追究刑事责任；给劳动者造成损害的，应当承担赔偿责任：

（一）以暴力、威胁或者非法限制人身自由的手段强迫劳动的；

（二）违章指挥或者强令冒险作业危及劳动者人身安全的；

（三）侮辱、体罚、殴打、非法搜查或者拘禁劳动者的；

（四）劳动条件恶劣、环境污染严重，给劳动者身心健康造成严重损害的。

第八十九条　用人单位违反本法规定未向劳动者出具解除或者终止劳动合同的书面证明，由劳动行政部门责令改正；给劳动者造成损害的，应当承担赔偿责任。

第九十条　劳动者违反本法规定解除劳动合同，或者违反劳动合同中约定的保密义务或者竞业限制，给用人单位造成损失的，应当承担赔偿责任。

第九十一条　用人单位招用与其他用人单位尚未解除或者终止劳动合同的劳动者，给其他用人单位造成损失的，应当承担连带赔偿责任。

第九十二条　违反本法规定，未经许可，擅自经营劳务派遣业务的，由劳动行政部门责令停止违法行为，没收违法所得，并处违法所得一倍以上五倍以下的罚款；没有违法所得的，可以处五万元以下的罚款。

劳务派遣单位、用工单位违反本法有关劳务派遣规定的，由劳动行政部门责令限期改正；逾期不改正的，以每人五千元以上一万元以下的标准处以罚款，对劳务派遣单位，吊销其劳务派遣业务经营许可证。用工单位给被派遣劳动者造成损害的，劳务派遣单位与用工单位承担连带赔偿责任。

第九十三条　对不具备合法经营资格的用人单位的违法犯罪行为，依法追究法律责任；劳动者已经付出劳动的，该单位或者其出资人应当依照本法有关规定向劳动者支付劳动报酬、经济补偿、赔偿金；给劳动者造成损害的，应当承担赔偿责任。

第九十四条　个人承包经营违反本法规定招用劳动者，给劳动者造成损害的，发包的组织与个人承包经营者承担连带赔偿责任。

第九十五条　劳动行政部门和其他有关主管部门及其工作人员玩忽职守、不履行法定职责，或者违法行使职权，给劳动者或者用人单位造成损害的，应当承担赔偿责任；对直接负责的主管人员和其他直接责任人员，依法给予行政处分；构成犯罪的，依法追究刑事责任。

第八章　附　则

第九十六条　事业单位与实行聘用制的工作人员订立、履行、变更、解除或者终止劳动合同，法律、行政法规或者国务院另有规定的，依照其规定；未作规定的，依照本法有关规定执行。

第九十七条　本法施行前已依法订立且在本法施行之日存续的劳动合同，继续履行；本法第十四条 第二款第三项规定连续订立固定期限劳动合同的次数，自本法施行后续订固定期限劳动合同时开始计算。

本法施行前已建立劳动关系，尚未订立书面劳动合同的，应当自本法施行之日起一个月内订立。

本法施行之日存续的劳动合同在本法施行后解除或者终止，依照本法第四十六条规定应当支付经济补偿的，经济补偿年限自本法施行之日起计算；本法施行前按照当时有关规定，用人单位应当向劳动者支付经济补偿的，按照当时有关规定执行。

第九十八条　本法自 2008 年 1 月 1 日起施行。

图书在版编目（CIP）数据

天津市农民工实用手册 / 天津市总工会编. —北京：中国工人出版社，2016.7

ISBN 978-7-5008-6523-0

Ⅰ. ①天… Ⅱ. ①天… Ⅲ. ①民工—劳动就业—天津市—手册 Ⅳ. ①D669.2-62

中国版本图书馆CIP数据核字（2016）第183488号

天津市农民工实用手册

出 版 人 / 芮宗金
责任编辑 / 李素素
责任校对 / 赵贵芬
责任印制 / 栾征宇

出版发行：中国工人出版社
地　　址：北京市东城区鼓楼外大街45号　**邮编**：100120
网　　址：http://www.wp-china.com
电　　话：（010）62005043（总编室）
（010）62005039（出版物流部）
（010）62382916（职工教育分社）
发行热线：（010）62358078（010）82075964（传真）
经　　销：各地书店
印　　刷：北京睿特印刷厂

开　　本：787毫米×1092毫米　1/32　**印张**：6.75　**字 数**：75千字
版　　次：2016年11月第1版　**印次**：2016年11月第1次印刷
定　　价：20.00元